모르드개 목사의 눈물

모르드개 목사의 눈물

초판 1쇄 발행 | 2025년 7월 6일
지은이 | 이창호
펴낸이 | 이한민
펴낸곳 | 아르카
등록번호| 제307-2017-18호
등록일자| 2017년 3월 22일
주　소 | 서울 성북구 숭인로2길 61 길음동부센트레빌 106-1805
전　화 | 010-9510-7383
이 메 일 | arca_pub@naver.com
홈페이지| www.arca.kr
블 로 그 | arca_pub.blog.me
페이스북| fb.me/ARCApulishing

ⓒ이창호, 저자와의 협약으로 인지는 생략되었습니다.
이 출판물은 저작권법에 의해 보호받는 저작물이므로 무단 전재와 무단 복제를 할 수 없습니다.
이 책 내용의 일부 또는 전부를 재사용하려면 반드시 저자와 출판사의 동의를 얻어야 합니다.
잘못 만들어진 책은 구입하신 서점에서 교환해드립니다.

책　값 | 뒤표지에 있습니다
I S B N | 979-11-89393-43-4 03230

아르카ARCA는 기독출판사이며 방주ARK의 라틴어입니다(창 6:15).
네가 만들 방주는 이러하니 … 새가 그 종류대로, 가축이 그 종류대로,
땅에 기는 모든 것이 그 종류대로 각기 둘씩 네게로 나아오리니 그 생명을 보존하게 하라 _창 6:15,20

모르드개 목사의 눈물

이창호 지음

아르카

추천의 글

한국교회가 위기라는 소리는 우리에게 이미 오랫동안 들려 왔습니다. 코비드19 이후의 상황은 이전과 또 다른, 새롭고 상상하기 힘든 어려움과 긴박감으로 다가오고 있습니다. 4차 혁명으로 진입한 전 세계는 IT 혁명과 AI의 등장으로 전혀 예측 불가능한 미래를 향해 달리고 있습니다. 변화무쌍하게 질주하는 이 세상에서, 교회는 과연 어떻게 구원의 방주로서의 역할을 감당할 수 있겠습니까? 무언가 새롭고 큰 변혁이 없으면, 이 위기에서 벗어나기는 불가능할 것입니다.

한국교회는 마치 몇십 년 전에 만들어 놓은 호화 유람선이 침몰하는 줄도 모르는 상황 같습니다. 배의 밑창에 구멍이 뚫려 물이 들어오는데, 그런 상황에도 아무 상관 없다는 듯 유람선 3층에서 성대한 파티를 벌이고 있는 모양새 같은 겁니다. 이런 어려운 시기에, 30여 년간 다음세대를 위해 달려왔기에 현장에서 한국교회의 위기를 누구보다 심각하게 느껴온 넘치는교회의 이창호 목사가 쓴 이 책은 한국교회가 반드시 주목해야 하는 책입니다. 에스더서를 통해 쓴 그의 애끓는 외침이 중요한 갈림길에 서 있는 한국교회에 새로운 부흥의 씨앗이 되기를 희망해 봅니다. 그의 외침은 이 말로 요약됩니다.

"샛강이 살아야 큰 강도 사는 것입니다."

그의 이 호소를 부디 목회자들뿐 아니라 성도들도 꼭 읽어서, 우리 모두의 힘을 합쳐 작은 미자립교회들을 위한 후원과 기도와 헌신이 계속되기를 기대합니다.

김의원박사, 전 총신대학교 총장

제가 만나온 이창호 목사님을 생각하면 바로 '예수 사랑, 청년 목회'가 생각납니다. 저는 지난 수년간 넘치는교회와 이 목사님을 만나오면서 여러 차례 커다란 감동과 도전을 경험했습니다. 무엇보다 '시계 없는 교회'라는 점이 가장 큰 감동과 도전이었습니다. 젊은이들이 어떻게 한두 시간의 예배로 하나님을 경험할 수 있느냐는 생각으로 예배 시간에 제한을 두지 않았기 때문입니다. 그것은 그와 이 교회가 다음세대를 향한 뜨거운 열정과 사랑 때문에 한 일입니다. 청년과 청소년을 위한, 이만한 신앙 공동체가 한국에 있음에 늘 감사하고 감동했습니다.

넘치는교회는 코비드19가 발생하기 전에 서초동에 있던 예배 처소를 김포로 옮겼습니다. 아무것도 없던 텃밭 위에 다음세대를 위한 성전과 교육관과 카페를 짓고 350평의 잔디 구장을 만들었습니다. 그리고 몇 달 후 코비드19의 역병이 지구촌을 힘들게 할 때, 넘치는교회는 목회의 사활을 다투는 치열한 기도와 희생을 요구받는 상황에 들어가게 되었습니다. 그렇게 힘든 교회 상황에서도 다른 개척교회들의 아픔을 함께 느끼자며 기도하는 이 목사님의 목양 정신이 더 큰 감동으로 다가옵니다. 그는 자신의 목회도 어려운데, 더 힘든 고통을 겪고 있는 이 땅의 개척교회, 작은 교회들을 돌아보자고 말하기 때문입니다. 선배로서 부끄러운 마음을 토로할 수밖에 없습니다.

이창호 목사는 이 땅의 작은 교회들이 죽어가는 현실을 한국교회 전체가 죽어가는 일이라고 여깁니다. 사실이 그렇습니다. 이미 자리를 잡고 있는 중대형 교회도 부흥이 멈추고 어려워진 것이 현실이지만, 개척교회들이 정착하지 못하고 사라져가는 상황은 더 큰 위기입니다. 그는 이런 상황을 에스더서에서 하만의 간계로 죽게 된 이스라엘 민족에 비유합니다. 사라져가는 한국의 작은 교회들이 모르드개와 이스라엘 백성 같다는 것입니다.

에스더는 겉으로 보면 안전해 보이는 중대형 교회 같아 보입니다. 그러나 하만에게 모함받아 죽게 된 모르드개와 이스라엘 백성을 구할 사람은 에스더뿐인 상황이 되었습니다. 그랬던 것처럼, 지금 죽어가는 작은 교회들을 도울 수 있는 건 에스더 같은 중대형 교회들이라는 게 그의 생각입니다.

에스더는 비록 왕이 자주 눈길을 주지 않는 입장이었어도 왕실에 있었기에 당장은 안전해 보였습니다. 하지만 이스라엘 백성은 곧 죽을 처지에 놓였고, 에스더라고 해서 예외일 순 없었습니다. 모르드개가 하만이 세운 나무에 달리고, 하만의 계략에 속은 왕이 내린 명령으로 이스라엘 민족이 다 죽게 되면, 에스더도 결국 안전할 수 없을 겁니다. 모르드개는 이 점을 에스더에게 깨우쳐 주었습니다. 죽게 될 자신과 이스라엘 백성을 구할 유일한 사람은 에스더뿐이라고 강조한 것입니다. 그랬던 것처럼, 현재 죽어가는 작은 교회들을 살릴 수 있는 유일한 역할은 에스더 같은 중대형 교회들에게 있다는 것입니다.

또한 이창호 목사는 우리가 에스더서에서 에스더에게만 주목했던 눈길을 모르드개에게 돌리게 합니다. 모르드개의 절박한 심정을 새롭게 해석한 것입니다. 그리하여 보게 된 작은 교회들의 현실을 이 책에 썼습니다. 그래서 이 책은 귀합니다. 죽어가는 한국교회의 작은 교회들을 에스더와 같은 중대형 교회와 그 목사들이 "죽으면 죽으리이다"라는 각오로 살리자는 이야기를 하고 있기 때문입니다.

서로가 서로에게 친구이고 가족이고 운명공동체라고 생각한다면, 각자 키가 크든 작든, 누구라도 어깨동무하며 같은 방향과 목적을 향해 걸어갈 것입니다. 이것이 어깨동무의 정신입니다. 이 책의 내용은 제가 그동안 사역해온 '어깨동무' 사역의 정신과 일치합니다. 한국의 교회들이 크든 작든 하나의 운명공동체임을 깊이 인식하고, 에스더 목사들과 모르드개 목사들이 서로를 섬기며 어깨동무하기를 소원합니다.

이창호 목사님의 피눈물 나는 호소와 외침에 목양의 동지들이 귀를 기울여 동참하시기를 요청합니다. 특별히 에스더와 같은 이 땅의 목사님들에게 이 책을 추천합니다. 또한 죽을 처지에 놓였다고 괴로워하며, 울며 기도하고 계실 이 땅의 수많은 작은 교회 목사님들에게도 이 책이 힘과 격려가 되기를 기도합니다.

저는 무엇보다, 이 책을 통해 한국교회를 살리시는 성령님의 역사와 열매가 있을 것이라고 믿습니다. 성령님께서 한국교회를 불쌍히 여겨주시기를 기도합니다.

이승종 목사, 어깨동무사역원 대표, KWMC 대표의장

차례

추천의 글　　　　　　　　　　　　　　　　　　　　　5

1부 / 모르드개의 눈물

1장 · 가난한 아빠의 마음　　　　　　　　　　　　　16
2장 · 에스더가 왕후가 되다　　　　　　　　　　　　26
3장 · 모르드개가 하만의 미움을 받다　　　　　　　　30
4장 · 유다인이 몰살 위기에 처하다　　　　　　　　　38
5장 · 베옷 입은 모르드개가 대성통곡하다　　　　　　48

2부 / 에스더의 결단

6장 · 에스더가 유다인의 몰살 위기를 모르다　　　　　56
7장 · 에스더에게 유다인의 위기를 알리다　　　　　　60
8장 · 에스더가 위기를 알고도 희생을 거절하다　　　　68
9장 · 모르드개가 간곡하게 설득하다　　　　　　　　79
10장 · 에스더가 구국의 결단을 내리다　　　　　　　89

3부 / 살길이 있다

11장 · 모든 유다인이 위기 극복을 위해 금식하다	100
12장 · 하만이 모르드개를 처형할 계획을 세우다	109
13장 · 모르드개가 왕의 기억으로 높임을 받다	119
14장 · 에스더의 폭로로 하만이 몰락하다	128
15장 · 새로운 조서로 유다인의 살길이 열리다	136
16장 · 유다인이 역전하여 승리하다	143
17장 · 만왕의 왕이 찬양을 받으시다	149
미처 못한 이야기	157
책을 나가며 드리는 기도	161

책으로 들어가며 드리는 기도

대한민국 모든 교회,
목회자들의 승리를 위해 기도합니다!
이 땅의 수많은 미자립 교회 사역자들과
그 교회의 성도들을 축복합니다.

1부

모르드개의 눈물

1장

가난한
아빠의 마음

2024년 7월 5일 금요일, 넘치는교회 설립 17주년을 맞이해 시작한 21일 다니엘 기도회가 20일째 되는 날이었다. 기도회는 저녁 8시 30분에 시작될 예정이었다. 그날은 뭔가 처량한 마음이 계속 들었다. 그 시간이 다 되도록 그랬다. 마치 가난한 아빠가 부자 아빠에게 자기 아이들 먹을 빵을 구걸할 때 기분이었다.

그날 점심 때, 어느 큰 교회 목사님이 김포 들판에 있는 우리 교회를 찾아오셨다. 나는 그 분께 "우리 교회가 어려우니 도와주세요"라는 말을 어렵사리 꺼냈다. 코로나 이후, 거의 부도날 것 같은 회사처럼 어려워진 우리 교회의 재정 상황을 토

로했던 것이다. 그런 이야기를 할 생각은 원래 없었다. 아마도 21일 기도회가 시작되던 첫날, 넘치는교회 성도 한 분이 예배실에 들어가면서 내게 쓸쓸하게 했던 이 말을 잊을 수 없어서였을 것이다.

"목사님, 시내에 있는 목사님의 후배 목사가 어떤 큰 교회에 자기 교회의 어려운 사정을 이야기했더니, 그 교회가 도와준다고 하더래요. 우리는 누가 도와줘요?"

21일 다니엘 기도회 첫날에 들은 그의 말이 내게는 다니엘이 천사에게 들은 말과 비슷하게 느껴졌다.

> 그가 내게 이르되 다니엘아 두려워하지 말라 네가 깨달으려 하여 네 하나님 앞에 스스로 겸비하게 하기로 결심하던 첫날부터 네 말이 응답받았으므로 내가 네 말로 말미암아 왔느니라 _단 10:12

그래서 용기를 내 그 '큰 교회 목사님'께 전화를 드리고, 약속을 잡아 만나기로 했던 것이다. 내가 찾아가 만날 수 있어도 감사한데, 하물며 그 분이 나를 찾아오신 거였다. 그런 분에게 어려운 말을 꺼냈으니, 내 마음이 어떠했겠는가? 하루 종일 별로였다. 그 분을 만난 다음 저녁 기도회 시간이 다가올 때까지, 어려운 말을 꺼낼 때의 마음과 비슷한 기분이 이

어졌다.

　나를 찾아와주신 목사님은 힘들게 꺼낸 내 이야기를 들으면서도 친절하셨다. 애써보겠다는 말씀이 빈말로 들리지 않을 만큼 진정성도 느껴졌다. 그럼에도 불구하고, 내 마음속에 찾아온 가난한 아빠의 처량한 기분은 지우기가 쉽지 않았다.

　저녁기도회가 시작되었다. 설교를 짧게 하고 자리에 앉았다. 기도하는 시간이 시작됐다. 기도를 시작하자마자, 기다렸다는 듯이 뜨거운 눈물이 쏟아지기 시작했다. 그 목사님과의 만남 이후 지속되던 처량한 마음이 눈물로 터진 것이다. 눈물이 터지니, 더 서글피 울며 기도하게 되었다.

　"하나님! 하나님 보시기에 제 모습이 어떠실지 제가 정확히 알 수 없지만, 저 정말 하나님께 순종했습니다. 세상적으로 좋은 조건과 상황 다 뒤로하고, 30년간 정말 순종한 것 같습니다. 정말로…. 그런데 왜 이렇게 저를 힘들게 하시나요? 저는 왜 이렇게 힘이 들어야 하나요? 다음세대 살리고 싶어서 정말 열심히 달려왔는데요…. 흑흑…. 저 좀 도와주세요. 저 좀 제발 살려주세요. 우리 넘치는교회, 어떻게 좀 살려주세요…."

　흐느끼며 우는 기도였다. 우는 기도는 한 시간을 넘겼다. 기도하면서 눈물 흘릴 때, 내내 서러웠다. 그렇게 오래 울며 기도하기도 처음이었다. 울며 기도하는 것으로 스무 번째의 기도를 마쳤다. 그날 밤엔 잠이 깊었다. 울다 지쳐 잠들어 그랬을 것이다.

7월 6일 토요일, 다음날 아침이 밝았다. 21일 기도회의 21일째, 마지막 날이었다. 이제 7월 7일은 넘치는교회가 17주년을 맞이하는 주일이다. 나는 아침마다 늘 하던 루틴을 따라, 잠에서 깨자마자 마음속으로 하나님을 부르며 기도하기 시작했다.

"도와주세요…. 넘치는교회 좀 살려주세요. 저 좀 도와 주세요…."

기도 내용은 자고 일어났어도 달라진 게 없었다. 지금도 계속 그렇지만, 그 무렵엔 특히 늘 하던 기도여서다. 어떤 날은 하루 종일, 상황이 될 때마다 마음속으로 하는 기도였다. 왜 그랬을까? 정말 힘들고 어려운 시간이 지속되어 왔기에 그렇다.

내가 20대 중후반의 청년들과 함께 넘치는교회를 시작한 것은 17년 전이다. 개척한 첫 달부터 월세와 사역자 사례비가 부족했다. 매달 담당 간사로부터 부족한 재정에 대해 보고받을 때마다 고민할 수밖에 없었다. 그러면서도 지금까지 이 길을 달려왔다. 어려워도 버티고 버텨 17년을 지내온 것이다. 그러나, 이제는 정말 버틸 힘이 하나도 남지 않은 것 같다. 비록 작은 교회이지만, 너무나 많은 사역으로 인해 지칠 대로 지쳤기 때문이기도 했다. 나의 내면에 자리잡고 있던 어렸을 때의 상처가 슬그머니 고개를 들고 일어나 내 행동과 말에 좋지 않은 영향을 주는 날도 있었다. 그러니 하나님께 드리는 기도는 단순할 수밖에 없었다. 하루에 수십 번씩 드리는 기도는 오직 이것이었다.

"저 좀 도와주세요! 저 좀 살려주세요!"

그래서 7월 6일, 21일 기도회의 마지막 날 아침에 눈을 뜨자마자 드린 기도도 평소와 다르지 않았던 것이다.

잠시 후, 침대에 걸터앉아서도 기도를 이어갔다. 문득, 30년간 목회하면서도 전혀 해보지 못한 생각이 내게 불쑥 들었다. 낡은 상가 지하실에 있는 외롭고 처량한 교회, 녹이 슨 간판을 바꾸지도 못하는 작은 교회들이 생각난 것이다. 사실은 그런 교회의 목사님들 생각이었다. 그건 내가 단 한 번도 생각해보지 않은 것이었다.

코로나라는 초유의 사태를 맞았을 때, 집합 금지 명령 때문에 현장 예배를 드릴 수 없던 교회의 목사님들 생각이 났다. 방송을 담당할 사람이 없어서 동영상 송출도 하지 못했던 교회의 목사님들이다. 그런 황당한 상황 속에서, 간절히 눈물로 기도하며 양육해온 성도들이 한 분 두 분 사라져가는 걸 막을 수 없고, 어찌할 수도 없었을 것이다. 그러면서도 높은 빌딩처럼 거대한 교회를 바라볼 때는 뭔가 처량한 느낌이 들었을 것이다. 이런 생각을 하는 내가 이상했다. 그러는 나 자신이 정말 이해되지 않았다. 이런 생각은 원래 내 생각이 아니었기 때문이다.

작은 교회 이야기는 내게 남의 이야기였다. 이 땅의 아주 작은 그리스도의 몸, 작은 교회들에 대한 마음은 내게 없었다. 초대형교회의 사역자로 십수년을 사역해왔고, 늘 많은 사역 가운데 목회를 해왔기에, 상가 2층의 작은 교회의 상황이 어떠한지는 내게 전혀 관심사가 아니었다. 예전에는 지하실에 있으면서 때 묻고 녹까지 슨 입구의 간판을 바꾸지도 않는 교회를 보면 '저거 좀 고치지. 쯧쯧, 교회가 창피하게 저게 뭐야?' 하며 혀를 차기만 하던 내가 아니었나 말이다. 그러던 나였는데, 마치 하나님께서 애통하시며 마음 아파하시는 듯한 느낌이 내 가슴에 가득 차 버린 것이다. 그러니 하나님께서 부어주시는 하나님의 마음이라고 생각할 수밖에 없었다. 작은 교회들을 향한 하나님의 안타깝고 눈물 가득한 마음이 내게 부어진 것이다. 하나님의 마음이 음성으로 들리는 것 같았다.

"이 땅의 나의 몸, 사라져 가는 나의 몸들을 지켜야 한다. 빨리…!"

그런 마음의 감동과 함께, 내 머리에 갑자기 에스더와 모르드개의 이야기가 떠올랐다. 에스더가 처음엔 죽게 된 자기 민족과 모르드개의 형편을 알지 못했던 것처럼, 오늘날의 에스더 같은 큰 교회 목사님들도 모르드개 같은 작은 교회 목사님들의 형편을 모르시는 것 같다는 생각이 들었다. 그렇다면, 지금 한국교회가 처한 상황은 에스더가 왕후이던 시대와 비슷하지 않겠는가? 그렇다면, 모르드개가 에스더에게 사정을 호소해서 에스더가 "죽으면 죽으리라"고 나서게 했던 것처럼, 지금은 한국의 큰 교회 목사님들을 설득해야 할 때가 아니겠는가? 이런 생각이 들자 마음이 급해졌다.

'고통에는 이유가 있다'고 하는데, 에스더서를 통해 작은 교회들에 대해 이런 식으로 생각하게 되자, 극심했던 나의 고통의 이유가 풀어지는 느낌이 들었다. 내가 서둘러 모르드개의 심정으로 책을 써서, 지금의 작은 교회들이 사라지는 현실을 한국교회에 알려야 한다는 의무감이 내 가슴에 밀려왔다. 그래서, 하나님께서 내게 주신 이 감동을 이 시대의 '에스더들'에게 전하기 위해 이 책을 쓰게 되었다.

나는 학자도 아니고 신학자도 아니다. 그냥 목회자다. 청년과 다음세대를 위해 30년을 달려온 부족하고도 평범한 목사다. 그런 만큼, 그 어떤 걸림돌도 생각하지 말고 이 책을 써야 한다는 마음만 가득했다. 하지만 이런 일 저런 일 때문에 글쓰기는 늦춰지기만 했다. 사실은 글쓰기를 머뭇거렸다는 게 더 솔직한 표현일 것이다.

아무도 작은 교회들에게 관심을 두지 않는 시대다. 내가 글쓰기를 주저하는 순간에도 작은 교회들은 하나둘씩 사라져가고 있다. 그런 교회들은 비록 몸은 작아도 엄연히 그리스도의 몸인데, 그리스도의 몸이 없어지고 있는 셈이다. 이런 상황에 대한 안타까운 마음이 온몸을 휘감으며 밀려왔다. 거부할 수 없었다. 글을 쓰기 시작했다. 내 글이 어떤 힘이 있을지 모르지만, 글쓰기가 늦춰지면 늦춰질수록 그리스도의 작은 몸들이 사라져갈 것 같아서였다.

강화도의 한 카페를 골랐다. 거기서 글을 쓰기로 하고, 며칠 동안 매일 갔다. 어떤 날은 종일 썼다. 하루는 저녁 마감 시간이 다 되었다며 주인이 나가라고 하였다. 집으로 차를 몰았다. 서해에선 해가 지고 있었다.

강화도에는 낙조를 볼 수 있는 좋은 장소가 많다. 돌아가는 길에서 적당한 곳에 차를 세웠다. 나보다 앞서 온 사람들이 잠시 후에 사라질 낙조를 찍으려고 핸드폰이나 사진기를 들고 있었다. 나는 그들 틈에 서서 바다 너머로 사라지는 해를 물끄러미 바라보았다.

10여 분만 있으면 붉은 낙조가 하늘을 가득 채울 무렵이었다. 이상하게도, 낙조를 더 보고 싶지 않다는 마음이 갑자기 들었다. 그날은 낙조를 보기에는 최고의 날씨였다. 김포에서 살다 보니 인천과 강화도로 가는 건 그리 어렵지 않아 종종 바닷가에 가보곤 하는데, 이토록 크고 붉은 낙조를 보는 건 쉽지 않은 기회다. 하지만 나는 왠지 더 보기가 싫었다. 차로 돌아가 시동을 걸고 서둘러 그곳을 떠났다. 내가 왜 그랬을까?

이유는 차를 타고 돌아오면서 바로 알게 되었다. 떨어지는 해가 사라져가는 이 땅의 작은 교회들과 겹쳐 보였기 때문이다. 그래서 사라지는 해를 그저 지켜보기 싫었던 거다. 등 뒤로 떨어지는 낙조를 억지로 외면하며 집으로 돌아가는 나의 두 눈에는 뜨거운 눈물이 흐르고 있었다. 세상을 온통 붉게 물들이는 낙조가 이 땅에서 사라지는 작은 교회들의 눈물 같다는 생각마저 들었다.

2장
에스더가 왕후가 되다

모르드개의 삼촌 아비하일의 딸 곧 모르드개가 자기의 딸 같이 양육하는 에스더가 차례대로 왕에게 나아갈 때에 궁녀를 주관하는 내시 헤개가 정한 것 외에는 다른 것을 구하지 아니하였으나 모든 보는 자에게 사랑을 받더라 아하수에로 왕의 제칠년 시월 곧 데벳월에 에스더가 왕궁에 인도되어 들어가서 왕 앞에 나아가니 왕이 모든 여자보다 에스더를 더 사랑하므로 그가 모든 처녀보다 왕 앞에 더 은총을 얻은지라 왕이 그의 머리에 관을 씌우고 와스디를 대신하여 왕후로 삼은 후에 왕이 크게 잔치를 베푸니 이는 에스더를 위한 잔치라 모든 지방관과 신하들을 위하여 잔치를 베풀고 또 각 지방의 세금을 면제하고 왕의 이름으로 큰 상을 주니라 _에 2:15-18

대한민국은 '한강의 기적'으로 불리는 경제 발전으로 전세계의 주목을 받아왔다. 1950년 6·25 전쟁으로 세계 최빈국 상황이던 나라가 가장 짧은 시간에 선진국의 반열에 올랐기 때문이다. 세계 10위 권의 경제 대국까지 되지 않았는가. 이제 대한민국은 선진국의 꿈을 꾸는 국가들에게 전설적 사례다.

한국교회도 그랬다. 대한민국의 발전과 함께 전 세계 교회의 찬사를 들을 만큼 초고속 성장을 이루었다. 한국의 목회자가 해외 교회에 가면 한동안 빠짐없이 들은 질문 가운데 하나가 이것이었다.

"한국교회의 초고속 성장 비밀은 무엇입니까?"

대한민국이 새벽종을 울리며 새마을을 건설했던 것처럼, 나름 노력하여 엄청난 성장을 이룬 한국교회다. 한 상가에 여러 교회가 있어도 세상이 문제 삼지 않았다. 영혼 구원을 위해 세워진 거룩한 교회들이라며 때론 박수까지 보냈다. 그럴 때가 소위 한국교회의 부흥기였다. 정말 많은 영혼이 구원받고, 인구 4명당 1명은 크리스천이라던 한국교회의 부흥기가 먼 옛날이 아니다. 불과 30-40년 전이 아니었던가?

그 무렵의 일간지에 한국교회의 이미지를 볼 수 있는 기사가 있었다. 한국의 모 유명 여자대학교에서 학생들에게 신랑감의 직업군을 물었는데, 1위가 다름 아닌 '개신교회 목사'였던 것이다. 지금 생각해보면 정말 먼 나라 이야기 같다.

부흥기에도 부정적인 평은 있었다. 외국의 저명한 예술가가 한국에 왔을 때 서울의 야경을 보고 한 말이다. 밤하늘 아래 수도 없이 반짝이던 빨간 십자가 풍경을 보고선 "보기에 좋지 않다"라고 말한 것이다. 야경을 해친다는 뜻이다. 네온 십자가가 얼마나 많았으면 그런 말을 했을까. 그의 말이 신문에 대서특필되기까지 했다. 요즘도 그런가? 밤하늘 아래, 붉은 십자가가 여전히 즐비한가?

부흥기의 교회들은 모여드는 성도들을 위해 경쟁하듯 큰 예배당을 지었다. 예배당의 크기는 새로 짓는 교회일수록 점점 커졌다. 여기저기, 경관 좋은 곳마다 기도원을 건립하는 붐마저 일었다. 그때는 상가마다 지하든 2층이든 개척교회도 많았지만, 큰 교회들은 엄청난 규모의 예배당과 수만 평에 이르는 기도원까지 소유하게 되었다. 분위기가 그랬던 만큼, 목사가 되려는 사람도 많았다. 목사 되기도 그만큼 어려웠다. 경쟁이 심해 신학교마다 몇 수를 해야 들어갈 수 있었다. 가까스로 선지 동산에 들어간 목회 후보자들은 장래에 자신이 목회할 큰 교회를 꿈꾸며 말씀을 연구하고 기도했다.

부흥한 한국교회에는 대한민국이 '기독교 국가'가 되게 만든 것 같다는 자부심이 가득했다. 스스로를 기독교 왕국이라고 여기기까지 했다. 교회가 부흥하고 대형 교회가 등장한 시기는 세계 최빈국이던 대한민국이 경제 부흥을 이루며 선진국 대열에 오른 때와 겹쳤으므로, 어찌 보면 당연한 생각의 흐름일 수 있었다. 그리고 그렇게 생각한 결과, 한국교회는 왕이 되었다. 부모 없이 사촌 오빠 모르드개의 손에서 자란 에스더가 당시 강대국 바사의 왕비가 된 것처럼 말이다.

하지만, 부흥기에도 모든 교회가 왕은 아니었다. 왕실에 들어간 유다인은 왕후가 된 에스더뿐이던 것처럼, 유다 백성 전체가 왕일 수는 없었다.

유다인을 오늘날의 하나님 나라 백성으로 치면, 큰 교회 목사님들은 왕실에 있는 에스더 같다는 생각이 홀연 들었다. 하만의 흉계로 죽을 처지에 놓인 유다인의 입장을 대변하던 모르드개가 마치 오늘날의 작은 교회 목사들 같다는 생각도 들었다.

에스더서에서 에스더와 모르드개의 관계를 나처럼 이렇게 생각한 사람은 없었던 것 같다. 하지만 서해의 낙조처럼 사라져가는 한국의 작은 교회들을 생각하다 보니 이런 생각에까지 이르렀을 것이다. 아니, 더 정확하게는 하나님이 내게 주신 마음이다.

3장
모르드개가
하만의 미움을 받다

그 후에 아하수에로 왕이 아각 사람 함므다다의 아들 하만의 지위를 높이 올려 함께 있는 모든 대신 위에 두니 대궐 문에 있는 왕의 모든 신하들이 다 왕의 명령대로 하만에게 꿇어 절하되 모르드개는 꿇지도 아니하고 절하지도 아니하니 대궐 문에 있는 왕의 신하들이 모르드개에게 이르되 너는 어찌하여 왕의 명령을 거역하느냐 하고 날마다 권하되 모르드개가 듣지 아니하고 자기는 유다인임을 알렸더니 그들이 모르드개의 일이 어찌 되나 보고자 하여 하만에게 전하였더라 하만이 모르드개가 무릎을 꿇지도 아니하고 절하지도 아니함을 보고 매우 노하더니 그들이 모르드개의 민족을 하만에게 알리므로 하만이 모르드개만 죽이는 것이 부족하다고 생각하고 아하수에로의 온 나라에 있는 유다인 곧 모르드개의 민족을 다 멸하고자 하더라 _에 3:1-6

"모난 돌이 정 맞는다"라는 말이 있다.

'왕이 된 한국교회'를 사탄이 그냥 속 편히 두고 볼 수는 없었을 것이다. 음부의 권세는 교회를 결국 이길 수 없지만, 하나님의 나라가 왕성하게 일어나는 걸 마냥 지켜보기만 하지 않는 것이 또한 사탄이다. 사탄의 교활한 훼방이 없다고 해도, 교회가 이 땅에서 메이저가 되기는 어렵다고 생각한다. 주님이 다시 오실 때까지는 말이다.

예전에 모 기관에서 여러 종교에 대한 설문조사를 했다. 그중에 '개신교를 싫어하는 이유가 무엇인가?'라는 질문이 있었다. 그 질문의 답으로 가장 많은 사람이 말한 것이 '배타성'이었다. 그런 대한민국 사람들의 정서를 그대로 담은 프로그램을 방송에서 방영한 적도 있다. 그 프로그램의 주제는 '서로 인정하며 하나가 되는 종교 사이의 화합'에 관한 것이었다. 부처님 오신 날엔 신부님이 절에 가서 축하 메시지를 전하고, 성탄절에는 스님이 성당에 와서 축하 메시지를 전하는 모습을 보여주었다. 스님과 신부님이 족구 시합을 하는 장면을 보여주기도 했다. 그 자리에 목사님은 없었다. 그 방송이 개신교에 대해 특별히 부정적이지는 않았지만, 결과적으로 개신교는 다른 종교와 만나지 않고 타협도 하지 않는 고집불통으로 묘사되었다.

사람들은 보통 이렇게 생각한다.

"부산에서 서울 가는 길이 경부선 하나만 있나? 이제는 길도 여러 가지 생겼다. 교통수단도 다양해졌다. 버스 타고 가도 되고, 기차 타고 가도 된다. 자동차도 휘발유로 가는 차와 경유로 가는 차가 있다. 그런데 교회는 왜 그리 고집불통이냐? 천국이나 극락이나 다 한 가지 아닌가? 종교가 사랑으로 하나가 되어야지, 왜 자기네만 천국 간다고 말하나? 쯧쯧."

목사님도 스님과 신부님과 족구 시합 정도는 할 수 있을 것이다. 요즘 어떤 목사님이 스님과 신부님과 함께 방송에 출연해 종교 이야기를 편하게 풀어가는 프로그램이 화제다. 각자 자기 종교의 특징과 문화와 경험을 재미있게 설명할 뿐이다. 방송에선 다른 종교를 비난하거나 깎아내리는 모습은 보여주지 않는다. 그러나 현실은 다르다. 아마도 방송에서 스님과 신부님과 같이 나오고 있는 그 목사님도 사석에선 복음만이 진리이고 기독교의 구원이 유일하다고 말하실 줄 믿는다. 기독교는 오직 하나님만 유일한 신으로 여기기 때문이다. 다른 종교인에게 예의는 지켜야 하나, 다른 신에게 머리를 숙이지는 않는다.

모르드개는 다른 나라의 지배를 받고 있는 상황에서도 자신이 믿는 하나님 외에는 누구에게라도 절할 수 없었다. 지배 국가의 신하인 하만에게는 특히 그랬다. 에스더서에 묘사된 하만의 심성과 행동을 보면 나라도 그랬을 것 같다. 하만은 매우 교만하고 권력 욕구가 강한 사람인 것이 분명하다. 모르드개는 그런 하만이 못마땅했다. 아무리 그래도 하만에게 고개 한 번만 숙이면 되었을 것을, 모르드개는 아예 하만을 외면했다. 물론 그 배경에는 하나님만 섬기겠다는 모르드개의 신앙적 절개가 있었다. 어쨌든, 그러다 보니 하만 같은 권세자에게 밉보이고 말았다.

개신교가 세상에 고집불통으로 보이게 된 것도 모르드개의 경우와 비슷해 보인다. 기독교인 한두 사람만 세상에 절하지 않아도, 세상은 기독교 전체에 불만을 가질 수 있다.

> 하만이 모르드개가 무릎을 꿇지도 아니하고 절하지도 아니함을 보고 매우 노하더니 그들이 모르드개의 민족을 하만에게 알리므로 하만이 모르드개만 죽이는 것이 부족하다고 생각하고 아하수에로의 온 나라에 있는 유다인 곧 모르드개의 민족을 다 멸하고자 하더라 _에 3:5-6

사탄은 자기에게 절하지 않는 고집불통 교회를 어떻게 해서든 붕괴시키기를 원한다. 그래서 한국교회 부흥의 정점에서, 교회에서 실수와 약점이 드러나기만 하면 건드리기 시작했다. 대표적인 경우가 목사가 잘못했을 때다. 언론은 그런 일이 생기면 보란 듯이 대서특필했다. 교회에 이런저런 분쟁이나 문제가 생길 경우에도 그랬다. 이로 인해 교회는 세상에서 땅에 버려져 밟히는 신세가 되어 버렸다.

사탄은 우선 목사를 유혹하여 넘어뜨리려 한다. 목자를 치면 양이 흩어진다고 성경은 말한다. 안타깝게도 일부 목사가 그 유혹에 넘어갔다. 목사가 사탄의 유혹에 넘어간 것은 당연히 잘못이다. 누구라도, 어떤 경우라도 유혹에 넘어가는 것은 잘못이다. 작은 교회의 목사라고 세상의 유혹을 받지 말란 법은 없을 것이다. 하지만 '모난 돌이 정 맞는다'고, 문제가 생긴 교회의 규모가 클수록 세상의 방망이에 맞기 일쑤였다. 세상이 특정 교회 일에 관심을 가지는 경우는 주로 그 교회가 대형인 경우이기 때문이다. 그런데 그 뒤에는 치졸한 하만이 있을 수 있다. 사탄의 졸개들이고, 어둠의 권세다.

세상은 교회가 한번 잘못한 일을 반복해서 우려먹기도 한다. 한 방송 뉴스에서 어느 목사와 교회의 문제를 말하고 있었다. '교회에 또 무슨 일이 생겼나?' 싶어 들어 보았다. 그런데 이미 10년이나 지난 일을 마치 오늘 일어난 일처럼 말하는 것이 아닌가? 주의해서 들어 보니, 최근에 어떤 교회에서 그때와 비슷한 일이 생긴 것이다. 그래서 자료 화면으로 옛날 일을 언급한 것 같았다. 세상이 보기에 교회가 마땅치 않은 모습을 보일 경우, 그걸 방송과 인터넷 뉴스 등에서 반복해서 다룬다는 걸 그날 알게 되었다. 물론 '그때 일'은 '그 교회'가 잘못한 것이 맞다. 하지만 세상 법도 일사부재리 원칙을 따라 어떤 잘못에 대해 두 번 이상 언급하지는 않는다. 그런데도 세상이 교회만큼은 용납하지 않는다는 느낌을 지울 수 없어 씁쓸했다.

부흥기를 지난 한국교회는 속에서부터 많은 부분이 어려워지고 있다. 그동안 이 땅의 거룩한 교회들이 얼마나 많이 무너졌는가? 그럼에도 불구하고 세상은 여전히 교회를 용납하지 않는다. 사탄은 더하다. 교회를 가만두지 않는다. 교회가 약해질수록 '기회는 이때다' 싶은지 더 몰아붙인다. 당연히 교회의 잘못도 있지만, 유독 교회만 뭐 그리 잘못했겠는가? 다 연약한 인간인데, 세상은 교회의 잘못에 대해서는 유독 강하게 태클을 건다. 영적인 부분을 차치하더라도, 그건 아마도 교회에 대한 기대가 있었는데 그 기대가 무너졌다고 보기 때문일 것이다. 그래서인지 이제는 교회가 세상을 걱정하는 것이 아니라, 세상이 교회 걱정을 하는 때라는 말까지 들린다.

코로나 팬데믹 시절, 세상에서 질병 유행의 문제가 첨예하게 거론될 때였다. 일부 교회는 집합 금지 명령을 무시하였다. 안타깝게도 그런 교회에서 예배를 드린 다음 전염되는 일이 있었다. 그런 교회는 크든 작든 비난의 대상이 됐다. 교회가 세상의 칭찬을 받아도 사탄의 훼방을 피하기 어려운데, 비난을 받으니 더욱 어려워졌다.

믿는 자는 '그리스도의 향기'라고 사도 바울은 말했다. 기독교인이라는 창문을 통해 하나님을 본다는 말이기도 하다.

> 항상 우리를 그리스도 안에서 이기게 하시고 우리로 말미암아 각처에서 그리스도를 아는 냄새를 나타내시는 하나님께 감사하노라 우리는 구원 받는 자들에게나 망하는 자들에게나 하나님 앞에서 그리스도의 향기니 이 사람에게는 사망으로부터 사망에 이르는 냄새요 저 사람에게는 생명으로부터 생명에 이르는 냄새라 누가 이 일을 감당하리요 _고후 2:14-16

팬데믹 시기에 교회가 모여 전염을 일으키는 일이 생기자, 세상은 교회가 '사망에 이르는 냄새'를 냈다고 여겼을 것이다. 비난과 오해가 클 수밖에 없었다. 이래저래, 코로나 시절의 교회는 본의 아니게 치명적인 상처를 입었다. 교회의 기본인 주일예배는커녕 모일 수도 없었기 때문이다. 우리들의 연약함을 가슴 깊이 통감하며, 하나님의 은혜만 간구할 수밖에 없는 현실이었다. 가슴이 너무나 아팠다. 지금도 그때를 생각하면 또 아프다.

4장
유다인이 몰살 위기에 처하다

첫째 달 십삼일에 왕의 서기관이 소집되어 하만의 명령을 따라 왕의 대신과 각 지방의 관리와 각 민족의 관원에게 아하수에로 왕의 이름으로 조서를 쓰되 곧 각 지방의 문자와 각 민족의 언어로 쓰고 왕의 반지로 인치니라 이에 그 조서를 역졸에게 맡겨 왕의 각 지방에 보내니 열두째 달 곧 아달월 십삼일 하루 동안에 모든 유다인을 젊은이 늙은이 어린이 여인들을 막론하고 죽이고 도륙하고 진멸하고 또 그 재산을 탈취하라 하였고 이 명령을 각 지방에 전하기 위하여 조서의 초본을 모든 민족에게 선포하여 그 날을 위하여 준비하게 하라 하였더라 역졸이 왕의 명령을 받들어 급히 나가매 그 조서가 도성 수산에도 반포되니 왕은 하만과 함께 앉아 마시되 수산 성은 어지럽더라 _에 3:12-15

자기에게 절하지 않는 모르드개에게 화가 난 하만은 유다 민족을 붕괴시켜 자취도 남기지 않으려는 전략을 철저하게 수

립했다. 이때의 상황이 오늘날 세상에서 교회가 고사 위기에 처한 모습과 겹쳐 보이는 건 나만의 상상일까?

그리스도의 몸을 향한 사탄의 공격은 이제 절정에 이른 것 같다. 모든 악의 세력이 일어나 교회를 핍박하고 있다. 단순히 교회가 세상에서 미움받는 정도가 아니다. 교회를 완전히 무너뜨리려는 의도가 있는 것 같다.

100여 년 만에 온 세계적 코로나 팬데믹의 영향으로 북미의 4천여 개 한인 교회 가운데 통계상으로 사라진 교회는 1,600여 개에 달한다고 한다. 단순 계산으로도 40퍼센트 이상의 교회가 문을 닫은 것이다. 북미 지역의 한 선교협회에서 실제 조사로 통계를 낸 것이기에 신뢰성 있는 수치라고 볼 수 있다. 한 일본 선교사와 이야기해보니, 일본의 8천여 개 교회 가운데 코로나 때 800여 교회가 문을 닫았다고 한다. 전 세계에 나가 있는 한국 선교사들 가운데 1만 명 이상이 철수했다는 소식도 들었다. 파송 교회들이 저마다 힘들어지면서, 선교사들에게 재정을 보내기가 그만큼 어려워졌기 때문이다. 통계에 잡히지 않은 더 많은 교회들이 한국에서는 사라지고 있을 것이다. 지금도 계속해서 사라지고 있는 것이 한국교회의 현실이다.

나는 20여 년 전부터 교단을 초월해서 수많은 교회와 선교단체에서 다음세대를 위한 말씀과 찬양 사역을 하였다. 여러 현장에서 사역해온 나는 다른 어떤 목사님들보다 빨리 교회에 대한 위기감을 느낄 기회를 얻었던 것 같다. 수련회에 모이는 숫자는 매년 줄어들었다. 교회 학교의 출석 통계도 그랬다. 예배드리러 온 아이들의 모습 또한 과거 같지 않았다.

어느 교회의 청년부 수련회에 강사로 가서 "지금 한국교회의 다음세대가 위험하다"라고 설교했다. 집회 후에 청년부의 지도 장로님께서 내게 오시더니, 나를 안심시키려는 듯 미소지으며 이렇게 말씀하셨다.

"목사님, 너무 걱정하지 마세요. 한국교회는 선교의 피가 흐르고 있는데, 하나님께서 지켜주실 것입니다."

장로님께서 그렇게 말씀하시니 나도 웃으며 넘어갔다. 하지만 내 마음속에는 안타까움이 여전했다. 기독교 선교의 역사 가운데 선교의 피가 흐르지 않은 나라가 어디 있겠는가?

하나님은 한국의 다음세대를 지키기를 원하신다. 하지만 우리가 깨어 있지 않고 주님의 뜻대로 변화되지 않는다면, 어려움을 맞이할 수밖에 없는 것은 자명한 사실이다.

코로나라는 전세계적 재앙을 허용하신 하나님의 뜻을 우

리가 전부 알 수는 없다. 하지만 분명한 것 하나는 있다. 한국교회가 크게 변화해야 한다는 점이다.

코로나 집합 금지가 끝나고 3년여가 지난 지금, 한국교회에 어떤 변화가 있었는지를 생각해본다. 변화된 유일한 한 가지는 '영상 예배의 활성화'뿐인 것 같다.

전해서 들은 슬픈 이야기가 있다. 미주 교회의 목회자들이 한국에 왔을 때, 어느 대형 교회의 목사님을 만나 이런 요청을 했다고 한다.

"목사님 교회 유튜브에서 목사님의 설교 영상을 내려주시면 안 되겠습니까? 저희 교회 성도들이 목사님의 영상설교를 듣고 집에서 주일예배를 드리고 맙니다. 주일에 교회 오지 않습니다. 저희 교회가 다 문 닫게 생겼습니다. 제발 부탁드립니다."

요즘 SNS 시대에 자주 쓰이는 '도파민 중독'이라는 말이 있다. 몸에 꼭 필요한 호르몬이지만 중독된 것처럼 지나치게 의존하려 해서, 마치 그것 아니면 살 수 없게 된 상태를 말한다.

지금의 많은 성도들은 '은혜로운 설교'라는 도파민 중독 상태인 것 같다. 목사들은 '교회 성장'이라는 도파민 중독에 빠져 있는 듯하다.

성도는 설교를 들어야 하고 목사는 교회 성장을 책임져야 하지만, 그런 것만이 신앙생활과 교회의 전부는 아니다. 성도는 공동체로서 교회를 섬기는 일에도 관심을 기울여야 한다. 목사도 교회의 본질과 사명에 대해 끊임없이 고민해야 한다. 그런데도 성도는 소위 '은혜로운 설교'만 듣기 원하고, 목사가 자기 교회의 성장에만 매달리는 모습은 도파민 중독 같다는 생각이 든다. 그런 것들이 개인과 교회 각자에게는 물론 필요한 일임에도 말이다.

코로나 시절에는 온라인 예배를 송출할 능력이 전혀 없는 작은 교회 목사들이 속절없이 성도들을 떠나보내는 경우가 있었다. 그렇게 떠난 성도들은 어디로 갔을까? 아예 교회를 떠난 경우도 있겠지만, 아마도 대부분은 영상 예배를 통해 자기가 갈 만한 교회를 새로 검색해서, 이른바 '수평이동'을 했을 것이다. 소위 설교가 은혜스러운 교회로 옮겨간 것이다. 그렇게 해서 자기 교회로 온 성도들을 본 목회자가 "코로나 상황에서도 우리 교회는 성장했으니 하나님의 은혜다"라고 생각했다면, 그걸 어떻게 보아야 할까? 그것이 바로 '교회 성장 도파민 중독'에 빠진 모습이 아니었을까? 수평 이동으로 인한 부흥이 정말 은혜이며 축복인가? 작은 교회 목사들의 피눈물로 잔치를 벌이는 교회들이 이 땅에 있지 않았을까?

　주일 설교는 각 교회의 목회자마다 각자의 부르심대로 하는 것이다. 교회의 각자 사명에 맞게끔 하나님께서 주시는 말씀이다. 따라서 성도들은 자기 교회 목사의 주일 설교를 들어야 한다. 그럼에도 불구하고, 코로나 시기에는 범람한 영상 예배로 인해 많은 성도들이 자기 교회 목사가 아닌 다른 교회 유명 목사의 설교를 들었다. 자기 교회의 예배에는 참석하고 따로 듣기만 해도 문제의 소지가 있는데, 그것으로 주일예배를 대치하는 일이 비일비재해진 것이 문제다. 이런 일이 지속된다면, 공동체는 어떻게 유지될 수 있겠는가?

　교회는 공동체로 모여야 한다. 하나님께서 성경을 통해 강조하신 것이다. 하지만 신학적 문제를 떠나, 현실에서는 코로나로 인해 어쩔 수 없이 영상 예배를 허용할 수밖에 없게 되었다. 그 결과, 지금 같은 상황이 너무나 암담하게 계속되고 있는 것 같다. 답답한 마음을 어찌하기 어렵다.

　거듭 강조하지만, 성도는 '개인의 영성'뿐 아니라 '건강한 공동체의 영성'이 있어야 한다. 더구나 주님 오실 날이 다가올수록 개인의 영성만으로 버티기 어려운 상황이 점차 심해

지고 있다. 앞으로는 더욱 그럴 것이다. 신자끼리 서로 격려하며 견딜 수 있는 교회 공동체가 필요한 이유다. 그래야 기독교 신자로서 진정한 제자의 삶을 살아낼 힘이 생긴다. 공동체로서 같은 공간에서 같은 말씀을 듣는 경험이 더욱 중요해진 것도 같은 이유에서다. 그런데 이런 공동체 경험은 아이러니하게도 큰 교회일수록 하기 어렵다. 이 때문에 중대형 교회일수록 소그룹의 필요성을 깊이 인식하고 있다. 그래서 여러 형태의 교회 개념을 적용한다든지 해서 공동체성을 강조하지만, 자아가 강한 개인의 특성 때문에 근본적으로 쉽지 않다.

반면, 작은 교회들은 출발부터 소그룹이어서 공동체성이 강할 수밖에 없다. 어떤 면에선 개인의 영성과 공동체로서의 영성을 고르게 경험할 수 있는 교회가 바로 작은 교회다. 개척교회일수록 그런 경험은 강화될 수밖에 없다. 이것이 역설적으로 지역마다 크든 작든 교회가 존재해야 할 또 하나의 이유다. 그런데 지금 심각한 문제는, 작은 교회일수록 존재하기 어려워지고 있다는 것이다.

내 친척 중에 경기도 모처에서 작은 교회를 섬기고 계신 목사님이 있다. 성도들 대부분이 지체가 부자유하고 여러 상황에서 어려운 분들이다. 사모님이 목사님께 한탄하듯 이렇게 말했다고 한다.

"저는 교회에 오면 눈물밖에 안 나와요. 어쩜 이렇게 다들 힘드신지…."

그 이야기를 들은 목사님은 이렇게 말했다고 한다.

"그러니까 우리 같은 작은 교회가 필요한 거야!"

그 교회 성도들처럼 어렵게 사는 분들은 큰 교회에서 정착하기가 어렵다는 뜻이다. 추천사를 써주신 김의원 총장님이 "샛강이 살아야 큰 강이 산다"라고 하신 말씀이 우리에게 많은 것을 시사한다.

하나님 나라의 확장을 위해서라도, 지금도 교회 개척은 필요하다. 강조돼야 할 일인 건 분명히 맞다. 새로운 교회를 세우는 일은 언제나 필요하다. 하지만 지금은 이미 있던 교회라도 지키기에 더 애를 써야 할 때가 아닌가 싶다. 교회를 개척하기보다 지키는 일을 선행해야 할 상황인 것이다.

혹자는 이렇게 말한다. 교회를 개척하고 부흥시키는 것은 교회 각자의 몫이며 그 교회의 목사 능력 탓이라고. 맞는 말이지만, 다 맞는 말도 아니다.

교회는 그리스도의 몸이다. 교단과 규모와 교회 위치와 상관없이, 모든 교회들은 한 몸이다. 성령님께서 이끌어가시는 우주적 교회의 일원이기도 하다. 이것이 진정 맞다면, 목회자 개인의 능력에 따라 교회가 사라지는 걸 그대로 두고 보는 것이 과연 옳은가? 내 교회는 그나마 아직 견딜 만하다고 사라져가는 교회를 돌아보지 않는 것이 옳은 일일까? 뭔가 잘못되어도 한참 잘못된 일 같다. 교회 전체로 보면 크나큰 잘못이다. 한마디로 어불성설이다. 관심을 두기도 전에 사라져버리는 교회들을 다시 찾을 수나 있겠는가? 범사에는 때가 있다.

> 범사에 기한이 있고 천하 만사가 다 때가 있나니 _전 3:1

지금은 교회가 세상에서 외면받고 있다. 교회에 태풍이 몰아치는 때다, 교회의 건강한 생태계도 무너지고 있다. 생태계가 건강하려면 황소개구리만 있으면 안 된다. 올챙이도 송사리도 있어야 하는 것이다. 플랑크톤에서 큰 동물까지, 다양한 종이 상호작용해야 그 세계를 유지해간다. 그런 면에서 본다면, 한국교회의 생태계는 무너져가고 있다. 아니, 이미 거의 무너진 것 같다. 작은 교회들은 점점 사라져가고, 황소개구리처럼 큰 교회들만 살아남는 것처럼 보이기 때문이다.

작은 교회들과 다음세대가 아예 사라져가는 현실에서, 우리는 무엇을 어떻게 해야 하겠는가? 교회는 어떤 비전을 가져야 하고, 어디를 바라보며 나아가야 하는가? 목회자와 성도는 무엇을 붙들어야 이 어두운 세상에서 교회의 교회다움을 드러낼 수 있겠는가?

시대적 인사이트가 정말로 중요한 때다.

5장
베옷 입은 모르드개가 대성통곡하다

> 모르드개가 이 모든 일을 알고 자기의 옷을 찢고 굵은 베 옷을 입고 재를 뒤집어쓰고 성중에 나가서 대성 통곡하며 대궐 문 앞까지 이르렀으니 굵은 베 옷을 입은 자는 대궐 문에 들어가지 못함이라 왕의 명령과 조서가 각 지방에 이르매 유다인이 크게 애통하여 금식하며 울며 부르짖고 굵은 베 옷을 입고 재에 누운 자가 무수하더라 _에 4:1-3

왕의 조서가 반포되었다. 이제 죽임을 당할 날만 기다려야 하는 모르드개와 유다인은 모두 베옷을 입고 재를 뒤집어썼다. 곧 죽게 된 그들은 임박한 죽음 앞에서 어찌할 바를 몰랐다. 살길이 없었기 때문이다. 모르드개와 유다인들은 낙망 가운데에서 하나님을 향해 통곡하며 부르짖기만 할 뿐이었다. 대성통곡하였다.

지금 한국 도처의 교회에도 그때의 모르드개와 같은 목사들과 유다인 같은 성도들의 눈물이 가득하다. 작은 교회들은 임대한 상가 교회의 월세를 내지 못해서, 사례비도 없는 그런 교회의 목사들은 따로 일까지 하며 간신히 교회를 유지해왔다. 그러나 이제는 더 이상 버틸 힘이 없다. 교회 문을 닫고 간판을 내려야 하는 상황에까지 처했다.

2024년 7월 7일은 넘치는교회의 17주년 주일이었다. 나의 원래 목회 계획에는 창립일 직전의 일주일 동안 매일 성도들과 함께 기도하는 기도회가 예정돼 있었다. 하지만 일주일보다 더 오래 기도해야 한다는 마음이 들었다. 21일간, 3주간 금식하며 기도하기로 계획을 변경했다. 그래서 '21일 다니엘 기도회'를 했던 것이다.

기도회가 시작되고 2-3일이 지난 어느 날, 우리 교인이 아닌 분이 기도하러 오셨다. 허름한 차림의 중년 여성이었다. 우리도 큰 교회는 아니어서 처음 온 분은 금방 티가 난다. 우리 교회 목사님 중 한 분이 그 분에게 누구신지 여쭈었다. 우리 교회에서 1킬로미터 정도 떨어진 상가 2층 교회의 성도라고 했다. 자기 교회에서는 주중에 기도회가 없어서, 넘치는교회의 21일 기도회 기간에 함께 기도하고 싶어서 온 것이었다. 그래도 되겠느냐고 부탁까지 했다고 한다. 목사님은 당연히 그렇게 하시라고 했다.

다른 교회 성도다 보니, 저녁 기도 시간에 오실 때마다 내 눈에도 금방 띄었다. 매일 저녁 '오늘도 오셨구나' 생각하고 지켜보았다. 자연스레 그 분이 기도하는 모습이 눈에 들어왔다. 한 가지 특이한 점을 발견하게 되었다. 찬양을 시작하자마자 아주 서럽게 우는 것이었다. 내가 뒤에서 보니, 늘 손수건을 눈에 대고 어깨를 들썩이기까지 하셨다. 흔들리는 그의 등을 보며 상상했다.

'무슨 큰 어려움이 있길래 저렇게 슬피 우실까? 자기 교회에서는 울기 어려워, 남의 교회까지 와서 울며 기도하시는 모양이로구나. 너무 안 됐다. 쯧쯧.'

안쓰러워 한숨이 절로 나왔다. 며칠을 지켜보니 가끔 빠지는 날도 있었지만, 오는 날엔 어김없이 우셨다. 그것도 매우 서럽게…. 그랬는데, 21일 기도회가 끝나기 며칠 전부터는 보이지 않았다. 그 분의 사연이 더욱 궁금해졌다.

그 후, 나는 교회로 오는 길에 그 분이 자기 교회라고 말한 교회를 새삼스레 관심을 가지고 쳐다보게 되었다. 꽤 오래전에 유리창에 붙여 놓은 듯한 교회 이름 스티커는 색이 바랬다. 그 옆 상가에 있는 교회의 화려한 네온사인 간판과 대조적이었다. 하긴 색이 바랜 교회 이름 때문인지, 그 교회가 활발하게 모이지 않는다는 느낌을 예전부터 받아오긴 했었다.

21일 기도회가 끝나고, 하나님이 주신 깨달음 속에 이 책을 쓰기 시작한 어느 날이었다. 교회로 오는 길에 습관처럼 그 교회 간판을 살짝 쳐다보는데, 그 교회의 이름이 바뀐 걸 보게 되었다. 새 간판이 걸린 것이다!

'어? 교회 이름이 바뀌었네? 언제 바뀌었지?'

우리 교회에 기도하러 오던 분이 자기 교회라고 말한 교회는 없어지고 다른 교회로 바뀐 것이다. 새로운 교회의 간판을 보면서 마음속에 여러 생각이 들었다. 혼란스럽기도 했다.

'아, 그럼 그 분이 오셔서 그렇게 서럽게 우신 것이, 아마도 이렇게 문을 닫게 된 교회 사정 때문이었나 보다. 그렇다면 혹시 그 분이 그냥 성도가 아니라 사모님이었거나, 어쩌면 목사님일 수도 있지 않았을까? 목사님이나 사모님이라면, 왠지 신분을 밝히기 창피해서 그러지 않으셨을까?'

이런 생각이 들자, 갑자기 나도 모르게 눈시울이 뜨거워졌다. 7월 6일 아침에 하나님이 주셨던 '작은 교회의 아픔에 대한 마음'도 다시 들었다. 통계와 소문으로만 알던 현실, 문을 닫는 작은 교회를 내 눈으로 직접 보았기 때문이다. 그 분이 기도하며 흘리던 눈물이 이해되었다. 너무나 처절하게 와닿았다. 그 교회가 문을 닫은 것이 마치 내 일인 것 같아 가슴이 미어졌다. 그 분이 그 교회의 성도님이든 사모님이든, 아니면 목사님이었든 상관없다. 이미 문을 닫았거나 혹은 곧 닫기로 결정된 자기 교회의 상황 때문에 얼마나 마음이 아프셨을까? 닫을 예정이었거나 이미 닫아버린 교회였기에, 자기 교회에선 기도할 수 없었을 것이다. 그래서 근처에 있는 우리 교회에서 기도할 수밖에 없었을 것이다.

'아, 그래서 그렇게 슬프게 우셨나 보다. 우리 주님의 마음은 어떠셨을까…?'

결국 눈물이 터졌다. 금세 멈추지 않았다. 입 밖으로는 나도 모르게 신음이 흘러나왔다.

'흑흑…. 그 교회 목사님도 성도님들도, 어떻게 하든 교회가 문 닫지 않고, 그 상가 2층에서라도 계속 예배드릴 수 있기를 원하셨을 텐데…. 나도 마음이 이렇게 아픈데, 그 분들의 마음은 얼마나 아팠을까?'

사라진 교회, 곧 문을 닫아야 하는 형편에 처한 목사들의 대성통곡이 여기저기서 들려온다. 한국만이 아니다. 전 세계 여기저기, 열방에 있는 교회들에서도 들려온다.

> 왕의 명령과 조서가 각 지방에 이르매 유다인이 크게 애통하여 금식하며 울며 부르짖고 굵은 베 옷을 입고 재에 누운 자가 무수하더라 _에 4:3

　서울 강남을 떠나 경기도 김포로 교회를 이전하여, 거창하게 설립 예배를 다시 드렸던 우리 교회 생각이 난다. 여기에 온 지 3개월 만에 코로나가 닥쳤다. 성도들이 나오지 못하고 떠나기까지 하던 3년의 기간이 길었지만, 짧게 느껴지기도 한다. 그 사이에 우리 교회도 문을 닫을 상황에 처했다. 이곳이 김포 들판이라고 하지만, 부지가 넓은 만큼 매달 내야 하는 월세가 만만치 않기 때문이다. 어지간한 상가 임대료에 비하면 5배에서 10배는 될 것이다. 그러니 이제는 작은 교회의 목사님들의 눈물이 내 눈물이 되고, 그들의 마음이 내 마음처럼 느껴지는 것 같다.

　어쩔 수 없이 문을 닫은 목사들은 대리운전이라도 해서 어떻게든 살아갈 수는 있을 것이다. 하지만 평생을 죄인으로 살아가실 것 같다는 생각이 든다. 목사가 하나님의 부르심을 따라 교회를 개척했는데, 스스로 교회 문을 닫아 버렸으니 마치 죄를 지은 기분일 것이다. 아마도 천국 가실 때까지 고개도 제대로 못 들 것이다. 아무도 그 앞에서 뭐라 하는 사람은 없겠지만, 스스로를 죄인 목사로 여기고, 아픈 마음을 가지고 살아갈 수밖에 없기 때문이다.

그러나 내 생각은 다르다. 그런 목사들을 만나면 힘껏 얼싸안으며 이렇게 말해드리고 싶다.

"그게 어떻게 목사님 잘못입니까? 어쩔 수 없어서 교회 문을 닫은 것이지, 목사님은 절대 죄인이 아닙니다. 죄인 목사님은 따로 있습니다…. 나 같은 목사입니다…. 목사님 같은 분들의 아픔을 전혀 몰랐던 '에스더 목사'입니다."

2부

에스더의 결단

6장
에스더가 유다인의 몰살 위기를 모르다

> 에스더의 시녀와 내시가 나아와 전하니 왕후가 매우 근심하여 입을 의복을 모르드개에게 보내어 그 굵은 베 옷을 벗기고자 하나 모르드개가 받지 아니하는지라 5에스더가 왕의 어명으로 자기에게 가까이 있는 내시 하닥을 불러 명령하여 모르드개에게 가서 이것이 무슨 일이며 무엇 때문인가 알아보라 하매 _에 4:4-5

화려한 왕궁에 살던 에스더 왕후는 모르드개와 유다 백성이 곧 죽게 될 처지를 모르고 있었다. 같은 유다 동족이면서, 사촌이자 자신을 키워주어 양아버지나 다름없는 모르드개가 왜 베옷을 입고 있는지 이해할 수 없었다.

나는 예전에 부교역자이던 시절, 이름만 대면 대한민국 사람이 다 알 만한, 정말 큰 교회에서 사역하였다. 어려서 그 교회에서 구원받고 청년기에 직장 생활을 하다가, 하나님의 부르심을 받고 주의 종이 되었다. 그 교회에서 청년부를 담당하며 13년간 사역했다. 내가 맡은 청년들만 수천 명이었다. 내게 능력이 있어서가 아니었다. 워낙 큰 교회였기 때문이다. 잘 만들어진 조직과 넘치는 재정, 성도들의 열심 있는 헌신 덕분이었다. 무엇 하나 부족함이 없는 목회 환경이었다. 그러다 17년 전에 본격적인 청년 목회를 위해 지금의 넘치는교회를 개척하였다.

나는 10명 남짓 되는 성도들과 함께 넘치는교회를 개척할 때도 한국의 유명한 선교단체의 찬양 인도자와 함께 시작했다. 개척하자마자 100명 조금 안 되는 성도가 모였다. 여러 하나님 백성들의 도움이 이어졌다. 아무래도 개척이라 힘들긴 했지만, 어떻게 보면 나름 화려하게 목회를 시작한 셈이다. 예배 사역 단체를 만들어 찬양팀과 함께 전국을 순회하기도 했다. 수많은 집회를 인도했고, 외국까지 가서 사역했다. 하나님께서 주신 '한국과 열방의 예배에 도전하라'는 비전을 품고서 미친 듯이 달렸다. 쉽지는 않았지만, 그래도 그 사역을 12년간 계속하였다.

나는 넘치는교회의 주일예배 시간을 한정 짓지 않았다. 네 시간에서 다섯 시간 예배드리는 건 보통이었다. 어떤 날은 주일 오전에 예배를 시작해서 저녁이 다 되어 마친 적도 있었다. 10년 동안 주일마다 평균 일곱 시간씩 예배를 드렸다. 오직 한 번의 주일예배를 말이다. 영화 한 편보다 짧은 기존의 예배 회복에 온 정신이 쏠렸기 때문이다.

나는 비록 부족하고 힘들어도 정말 '중꺽마'(중요한 것은 꺽이지 않는 마음) 정신을 가지고 달려왔다. 교인들 대부분이 청년이다 보니 재정적으로는 항상 힘들었지만, 사역의 보람에 힘입어 이겨낼 수 있었다. 참고 또 참을 수 있었다.

그래도 돌이켜 생각해보니, 나는 '에스더 목사'였다. 외적으로는 누구 못지않게 화려한 목회를 해온 사람이기 때문이다. 화려한 왕궁에서 살았던 에스더 왕후처럼 말이다. 아무리 생각해봐도 내가 '에스더 목사'였던 건 맞는 것 같다.

에스더가 모르드개의 행동을 이해하지 못했던 것처럼, '에스더 목사'는 '모르드개 목사'의 마음을 모른다. 절대, 정말 절대 모른다. 자신이 개척하여 작은 교회의 아픔을 겪으며 큰 교회를 이루었다면 몰라도, '모르드개 목사'의 마음은 결코 알 수가 없다. 개척해서 큰 교회를 이루었다 할지라도, 왕궁의 삶에 취해 버리면 감각이 둔해져 잊어버릴 수밖에 없다.

'개구리 올챙이 적 생각 못 한다'는 속담이 여기에 딱 맞다. 특정한 누가 그렇다는 말이 아니다. 나도 그랬다. 연약한 인간의 인지상정이 아닌가 싶다.

'에스더 목사'로 평생을 살아온 나는 이번 코로나 이후 극한의 고통 가운데에서 작은 교회에 대한 마음을 알았다. 하나님께서 그 마음을 알게 해주셨기 때문이다. 그 전에는 나도 작은 교회 목사들의 아픔을 이해하지 못했다. 단 한 번도 그분들의 아픔에 공감하지 못한 못난 목사였다. 아니, 죄인 목사였다….

에스더 목사는 모르드개 목사의 마음을 모른다. 천 번을 자다 깨도 모른다. 절대 모른다. 하나님이 깨달음을 주시고, 그 마음을 부어주셔야 비로소 알 수 있다.

7장
에스더에게 유다인의 위기를 알리다

대궐 문 앞 성 중 광장에 있는 모르드개에게 이르니 모르드개가 자기가 당한 모든 일과 하만이 유다인을 멸하려고 왕의 금고에 바치기로 한 은의 정확한 액수를 하닥에게 말하고 또 유다인을 진멸하라고 수산 궁에서 내린 조서 초본을 하닥에게 주어 에스더에게 보여 알게 하고 또 그에게 부탁하여 왕에게 나아가서 그 앞에서 자기 민족을 위하여 간절히 구하라 하니 _에 4:6-8

우리는 십여 년 전부터 한국교회가 흔들린다는 이야기를 듣기 시작했다. 현장에서 다음세대와 늘 함께했던 나는 20여 년 전부터 한국교회의 위기를 느꼈다. 이미 변곡점을 지나버린 한국교회를 늘 고민하며 목회해왔다.

많은 상황이 교회의 생태계가 무너져가고 있음을 우리에

게 알려주고 있다. 하지만 자기가 섬기는 교회와 성도에게만 집중하며 최선을 다하기만 하면 그만인 목사님들에게는 이런 상황이 가슴에 와닿기가 매우 어렵다. 목회는 누구에게나 어려운 일이지만, 당장 문을 닫을 만큼 어려움을 겪지 않는다면 말이다.

십여 년 전쯤, 어느 목사님과 교회 연합을 위한 대화를 한 적이 있다. 그 목사님은 나름대로 목회 철학을 가지고서 소신 있고 탁월하게, 정말 열심히 목회하는 분이었다. 나는 다음세대와 새로운 부흥을 위한 교회 네크워크에 대한 내 생각을 그분에게 말했다. 그러자 그 분이 이런 말을 하셨다.

"이 목사님, 자기에게 주신 교회, 자기가 섬기는 교회를 각자 열심히 목회하면 되는 것이 아닌가요?"

교회 네트워크와 연합은 현실에서 어렵고, 필요하지도 않다는 생각이었다. 나는 그의 말을 듣고서 더 이상 권면을 이어갈 수 없었다. 혼자서만 교회 연합을 생각해야 했다.

교회의 부흥기에는 각자에게 주신 부르심에 맞게 맡은 교회와 그 지역과 성도들을 위해 최선을 다하면 되는 것이 맞다. 그건 물론 지금도 그래야 하는 목회의 기본이다. 그러나 교회가 변곡점을 지나 하방(下方)으로 꺽일 때는 다른 접근이 필요하다.

교회의 쇠퇴기에 교회끼리 서로를 돌보는 연합이 없다면, 그건 마치 옆집에 불이 붙었어도 아랑곳하지 않는 태도와 비슷하다. 옆집에 불이 나면 강 건너 불구경하듯 구경만 할 수 없다. 그래서 새로 짓는 공동주택들은 주택끼리 불이 옮지 않도록 설계하고, 개인주택이 밀집해 있는 오랜 동네는 소방도로 확보를 위해 건물 일부를 허물기까지 했다.

한때 '농어촌교회 돕기 운동'이라는 것이 교계 전체에 퍼진 적이 있었다. 농어촌에서 태어나 자란 사람이 청년이 되면 부모에게 물려받을 생계 수단이 확실하지 않는 한 도시로 빠져나갈 수밖에 없다. 따라서 그런 성도들이 성장할 때까지 그들을 섬겨왔던 농어촌교회의 수고를 기억하자는 것이 그 운동의 취지였다. 많은 교회가 농어촌교회를 돕기 위해 재정과 인력을 보내는 운동을 벌였다. 여름 휴가철이 되면 도시교회 청년들이 저마다 배낭을 메고 농어촌교회에 가서 성경학교를 열어주고, 가가호호 전도도 하지 않았는가?

이제는 농어촌교회만 문제가 아니다. 도시의 작은 개척교회들에도 관심을 기울여야 한다. 이대로 두면 한국교회가 완전히 무너질지도 모를 상황이기 때문이다. 작은 교회들이 사라져가는 걸 방치한다면 한국교회에 정말 큰 위기가 올 수밖에 없다. 그리스도의 몸이 사라지는 것은 하나님께서 가장 크게 아파하실 일이다.

2024년 7월 6일 아침에 작은 교회에 대한 하나님의 마음을 받고, 7월 7일에 17주년 행사를 했다. 그런 다음 7월 마지막 주일인 28일에는 하나님께 받은 감동을 설교하기로 계획했다. 28일 오전에 사역자 회의를 한 다음, 9시 1부 예배를 준비하고 있을 때였다. 예배 시간 30분 전쯤인 8시 30분에 전화기가 울렸다. 주일 아침에 누가 전화하나 싶어서 핸드폰을 보니, 같은 김포 지역에서 목회하고 있는 여자 목사님이 전화하신 것이었다. 평소 잘 알고 지내던 분이다. 무슨 일인데 주일 아침부터 이러시나 싶어 얼른 전화를 받았다. 다급한 음성이 들려왔다.

"목사님, 저 좀 살려주세요. 도와주세요! 지금 앰프가 고장 났는지 마이크 소리가 안 나요. 예배 시간이 11시인데, 예배를 드릴 수 없어요…."

호들갑처럼 들리기도 했지만, 거의 우는 목소리였다.

"그래요? 저도 앰프는 잘 모르는데, 게다가 잠시 후에는 저도 예배드리러 들어가야 하는데요. 우리 교회 찬양 인도하는 전도사님 바꿔드릴게요. 이분이 음향 기계에 대해 잘 아세요."

전화를 받은 전도사님은 그 목사님을 설명을 듣고, 아마도 앰프가 고장난 것 같다고 했다. 전문가가 고쳐야 할 일이니 자기도 지금 당장 어쩔 수 없다며 일단 전화를 끊었다. 나는 불과 몇십 분 남은 예배를 준비하느라 서둘러야 했다. 그런데 문득, 7월 6일에 하나님께 받은 작은 교회 목사들에 대한 마음이 다시 들었다.

'내가 오늘 작은 교회에 대한 설교를 해야 하는데, 이게 무슨 일이람?'

보통 때 같으면 예배 후에 다시 연락할 텐데, 그대로 예배 들어간다는 게 영 마음이 편치 않았다. 그래서 시간 여유가 있을 만한 중고등부 담당 전도사님을 급히 불렀다.

"전도사님, 옆 교회에 이런 사정이 있다는데, 우리가 도와 드릴 방법이 뭐 없을까?"

"목사님, 우리 교회에 야외용으로 쓰는 앰프와 스피커 일체형이 있는데, 그 교회가 작으니 그거 하나로도 충분히 쓸 수 있을 것 같은데요."

"어, 그래? 그런 방법이 있어? 그럼 그 교회가 가까우니,

전도사님도 바쁘긴 하지만 얼른 가서 도와드리고 오면 안 될까? 여자 목사님이 혼자 애가 많이 타실 것 같아."

전도사님은 알겠다며, 앰프 일체형 스피커를 들고 가서 순식간에 설치해 드리고 왔다. 2부 예배가 시작되기 전에 그 교회 목사님으로부터 '덕분에 예배를 잘 드리게 돼 감사하다'는 연락이 왔다. 나도 감사하다는 마음을 가지고 그날 2부 예배까지 다 잘 드릴 수 있었다.

점심을 먹은 다음, 아침에 받은 연락이 다시 생각났다. 그러면서 새롭게 든 마음이 이것이었다. 앰프가 고장났다며 살려달라는 그 목사님의 다급한 목소리가, 마치 이 땅의 수많은 작은 교회 목사들이 위기에 빠져 외치는 호소처럼 느껴진 것이다. 바울이 밤에 환상 속에서 마게도냐 사람에게 들었던 것과 비슷한 느낌으로 말이다.

"건너와서 우리를 도우라!"

수많은 작은 교회 목사들은 이 땅에 있는 그리스도의 작은 몸들의 목자들이다. 하나님이 보내주신 곳에서 열심히 최선을 다하는 분들이다. 아골 골짝이라도 가겠다고 선지 동산에서 영혼 구원의 꿈을 가지고 훈련했던 목사들이다. 여유는 없어도 상가 지하실에 세를 얻어 간판을 달고, 비싼 강대상과 의자를 구입해서 교회를 시작했던 목사들이다. 그런 교회가 문을 닫게 될 처지라면, 어찌 가슴 아프지 않은가? 그들 가운데 대부분은 코로나라는 엄청난 사건 가운데에서 온라인 예배도 드리지 못했다. 그래서 마냥 사라지는 성도를 눈물 흘리며 바라볼 수밖에 없었다. 그랬던 작은 교회 목사들이다. 하나님 나라의 정말 존귀한 분들이지만, 세상의 눈으로는 아주 초라해 보일 수밖에 없다. 그런 분 가운데 한 분의 외침을 주일 아침에 들은 것이다. 내게는 강한 충격으로 와닿을 수밖에 없었다.

나는 에스더 목사였지만, 그랬던 내가 어느덧 모르드개 목사가 되었다. 나도 코로나 이후에 지치고 어려워져 목회를 포기하려 했다. 그랬기에 다른 모르드개 목사들의 절규가 내 가슴에 엄청난 울림을 주고 있는 것이다. 우리는 그런 목사들의 피눈물을 돌아보아야 한다. 하나님께서 보시고 가슴 아파하시기 때문이다. 하나님은 우리 모두가, 특히 '에스더 목사'들이 이런 현실을 알기 원하신다고 나는 믿는다.

요즘 내가 시간 날 때마다 하나님께 호소하듯 드리는 기도는 그 주일 아침에 그 여자 목사님이 내게 했던 호소와 정말 똑같다. 그 교회의 망가진 앰프 때문에 내게 했던 호소를 내가 똑같이 하고 있는 것이다.

"제발 저 좀 도와주세요. 저 정말 힘들어요. 어떻게 하든 교회 문만은 닫지 않도록 제발, 제발 도와주세요."

8장

에스더가 위기를
알고도 희생을 거절하다

> 하닥이 돌아와 모르드개의 말을 에스더에게 알리매 에스더가 하닥에게 이르되 너는 모르드개에게 전하기를 왕의 신하들과 왕의 각 지방 백성이 다 알거니와 남녀를 막론하고 부름을 받지 아니하고 안뜰에 들어가서 왕에게 나가면 오직 죽이는 법이요 왕이 그 자에게 금 규를 내밀어야 살 것이라 이제 내가 부름을 입어 왕에게 나가지 못한 지가 이미 삼십 일이라 하라 하니라 _에 4:9-11

에스더는 모르드개가 왜 베옷을 입고 재를 뒤집어쓰고 있는지, 그 이유를 듣게 되었다. '아, 그래서였구나. 죽음의 위기 때문에 베옷을 입고 있구나…'

그런데 에스더의 반응은 의외였다. 모르드개와 동족이 아무리 죽을 위기라 해도 지금은 어쩔 수 없다는 것이었다. 지금까지 키워주고 지지해준 모르드개를 도와주고 싶지만, 그 사정이 너무 딱하고 정말 안타깝지만, 자기는 어떻게 해볼 상황이 아니라고 말한다.

"왕의 신하들과 왕의 각 지방 백성이 다 알고 있는 것처럼, 남녀를 막론하고 부름을 받지 아니하고 안뜰에 들어가서 왕에게 나가면 오직 죽는 법입니다. 왕이 그런 자에게 금 규, 곧 왕의 지팡이를 내밀어야 살 수 있습니다. 그런데 내가 부름을 입어 왕에게 나가지 못한 지가 이미 삼십 일이 지났습니다. 나도 왕에게 말할 처지는 아닙니다."

자기 코도 석 자라는 말이다.

필자는 개척하기 전에 25년간 성도와 목회자로서 초대형 교회를 다녔다. 불교 신자였다가 구원받고, 일반 교인으로서 12년을 다녔다. 목사 안수를 받은 다음엔 13년간 그 교회에서 사역하다 개척했다. 그래서 대형 교회의 입장과 상황을 나름대로 잘 안다.

대형 교회는 규모가 큰 만큼 정말 씀씀이가 많다. 큰 덩치 자체를 운영하는 데 상당한 재정이 들어가는 것이 현실이다. 교회가 커지기도 물론 어렵지만, 그런 교회를 유지하기도 쉽지 않다. 그러면서도 수많은 선교사를 지원하고 경제적 도움이 필요한 곳을 구제하기도 한다. 그런 모습이 대형 교회가 존재하는 이유라고 생각하기도 했다.

그런데 요즘은 이런 생각을 가끔 하게 된다.

'하나님은 왜 이 땅에 큰 교회를 허용하셨을까?'

'대형 교회를 붙들고 계시는 하나님은 대형 교회에 가끔 문제가 생겨 이런 말 저런 말이 많은데도, 왜 지금까지 붙들고 계시는 걸까?'

'대형 교회를 목회하는 것이 전적으로 그 목회자 개인의 능력인가?'

일전에 한 대형 교회 담임목사의 고백을 들은 적이 있다.

"저의 목회는 제 능력 밖입니다. 정말 확실한 사실입니다. 제 능력으로는 이렇게 큰 목회를 할 수 없습니다. 저의 부친과 조부 모두 목회자였고, 그 분들이 하나님께 헌신하고 기도한 것들로 인해, 하나님께서 제게 감당하지 못할 은혜를 주고 계신 줄 믿습니다."

정말 맞는 말씀이다. 동의가 되는 믿음의 고백이다.

교회가 크든 작든, 하나님 나라의 교회를 섬기는 데는 우리 능력이 아닌 하나님의 보살핌과 인도하심이 있어야 함을 누구도 부인할 수 없다. 사도 바울은 이것을 성경에서 분명히 고백하고 있다.

> 나는 사도 중에 가장 작은 자라 나는 하나님의 교회를 박해하였으므로 사도라 칭함 받기를 감당하지 못할 자니라 그러나 내가 나 된 것은 하나님의 은혜로 된 것이니 내게 주신 그의 은혜가 헛되지 아니하여 내가 모든 사도보다 더 많이 수고하였으나 내가 한 것이 아니요 오직 나와 함께 하신 하나님의 은혜로라 _고전 15:9-10

> 우리가 이 보배를 질그릇에 가졌으니 이는 심히 큰 능력은 하나님께 있고 우리에게 있지 아니함을 알게 하려 함이라 _고후 4:7

우리 각자의 삶도 하나님께서 마치 유리병을 든 것처럼 붙들고 계신다. 하나님이 손을 놓으시면 바로 떨어져 깨질 수 있는 것이 연약한 우리다. 개인의 능력이 아무리 좋아도 하나님 앞에서는 정말 무용지물 아닌가? 교회도 마찬가지다. 규모가 크든 작든, 목회자에게 능력이 있든 없든, 은혜 아니면 살 수가 없다. 그래서 정말 모든 것이 하나님의 은혜, 은혜다!

모든 것이 하나님의 은혜라면, 우리는 항상 우리의 삶 속에서 들리는 하나님의 인도하심에 귀를 기울여야 한다. 교회는 더욱 그래야 한다. 하나님께서 모든 교회를 붙들고 인도하고 계시기 때문이다. 모든 교회가 살아 있기를 바라시기 때문이다. 모든 교회는 크든 작든 다 하나의 교회이며, 그리스도의 몸이기 때문이다.

그런 점에서, 하나님께서 대형 교회를 허용하고 계시는 이유를 생각하게 된다. 모든 교회가 살아 있기를 바라시기에, 이 시대의 큰 교회들에게 에스더가 했던 것과 같은 역할을 바라시는 것이다.

에스더는 왕궁에 있었지만, 신분은 유다인이었다. 에스더와 모르드개가 친척지간이었던 만큼, 그들은 같이 살아야 할 한 몸이었다. 마찬가지로, 유다인에게 닥친 환난은 왕궁에 있는 에스더라 해서 모른척할 수만 없는 일이었다. 비록 자기 마음대로 왕 앞에 나갈 수 없는 상황이었어도, 왕후가 된 만큼 민족 전체를 구해야 하는 책임이 있었다. 혼자 사는 것이 능사가 아니었다. 그럴 수도 없었다. 그런데도, 에스더는 왜 처음부터 나서지 못했던 걸까? 모르드개의 절박함을 이해하지 못했기 때문이 아니었을까?

큰 교회 목사님들이 많은 연봉을 받고 비싼 양복을 입는 생활에 익숙해지는 상황에서는 수십만 원의 임대료 때문에 누구도 모르고 오직 하나님만 아시는 피눈물을 흘리는 작은 교회 목사님들의 마음이 이해되지 않을 것이다. 큰 교회, 에스더 목사님들이 무조건 나빠서가 결코 아니다. 에스더가 나빠서가 아니었듯, 이제는 모르드개 목사님들의 상황이 이해되지 않을 뿐이다. 거듭 말하지만, 단순히 인간의 연약함이 이해하지 못하게 만드는 것이다.

어렵사리 개척하여, 수십 년간 목회에 전념하여 한국교회의 부흥기에 엄청난 성장을 이룬 목사님들도 임대료 몇푼으로 고생했던 기억은 다들 있을 것이다. 그때는 어쩌면 더 어려운 시절이었다. 선배 목사님들은 고생과 고생을 하면서 부흥을 이룬 한국교회의 산증인들이시다. 그건 누구도 부인할 수 없다. 내가 부교역자로 있던 그 교회도 개척 초기에는 천막 지붕 아래에서 가마니를 깔고 예배드렸다는 기록이 교회 역사에 있다. 하지만 시간이 지나면 그런 고생은 기억에서 사라지기 쉽다. 그것이 인간의 연약함이다.

예전에 기업가이면서 정치인이 되기까지 한 여성의 책을 읽은 적이 있다. 그녀는 소위 재벌이라는 부친을 둔 부유한 가정에서 태어나 대궐 같은 집에서 성장했다. 중학생일 때 같은 반 친구 집에 놀러 갔는데, 자기가 사는 집에서는 개집 같은 곳이 집이라고 자랑하는 친구의 밝은 얼굴을 보았다. 속으로 크게 놀랐다고 한다. 그녀로선 정말 몰랐던 '일반인'의 삶을 처음으로 본 것이다. 그 뒤로 생각이 달라졌고 인생까지 바뀌었다고 고백했다. 보지 않으면, 체험하지 않으면 결코 알 수 없는 것이 연약한 인간의 한계이다.

재벌 집 딸이 평범한 친구 집을 개집처럼 여겼다면, 평생을 에스더 목사로, 어쩌면 왕궁 같은 교회에서 살아온 목사가 어떻게 상가 지하실 25평에서 목회하는 모르드개 목사의 마음을 알 수 있을까? 수십 억에서 수백억 원을 교회 통장에 쌓아두고 있는 교회의 목사들이, 고작 매달 수십만 원의 임대료를 내지 못하고 밤마다 아이들을 먹여 살리기 위해 대리운전을 하고 졸린 눈으로 새벽예배에 나오는 목사들의 피곤을 어떻게 느낄 수 있겠는가?

총회 아래 노회에 속해 개척하는 하나의 교회로 계수될 뿐인 작은 교회의 목사들은 매달 몇십만 원이 아쉬운 것이 현실이다. 그런데 총회장 선거를 위해선 수억 원을 써야 하는 구조는 어떻게 생각해야 하는가? 큰 교회 목사가 되면 능력이 많은 것이니 연봉이 수억이라도 괜찮은 것인가? 목회를 잘해 왔고 많은 부흥을 이루었기에, 퇴직할 때 수십억 원의 퇴직금을 받아야 맞는 것일까? 그것이 전혀 문제가 없다면, 과연 세상 회사의 CEO와 교회의 목사들이 다른 점이 무엇일까? 성직이라 해서 목회자 세금 문제로 격론을 벌였던 일은 과연 어떤 논리에 근거했을까? 그렇게 성경을 많이 연구했으면서, 오랜 시간이 지난 후에 주인이 돌아와 결산한다는 성경의 가르침은 왜 보이지 않는다는 말인가?

얼마 전, 우리 교회의 어려움을 아시고 도움을 주신 어느 나이 드신 사모님이 내게 이런 이야기를 해 주셨다.

"목사님의 마음, 저는 잘 알아요. 저희 교회도 개척 초기에 임대료를 못 낸 적이 있는데, 건물 주인이 교회 입구를 나무로 가로막고 못을 박아버린 적이 있었어요. 하나님이 다 아시니 힘내세요."

고마운 말씀이다. 그럼에도 사람은 자기 삶의 환경이 달라지면 과거 일을 잊기 일쑤다. 지금의 풍족한 삶을 당연한 것으로 받아들이며, 타인의 고통에는 둔감해지는 것이다.

내가 이런 걸 깨달은 다음, 달리 말해 이 책을 쓰게 된 동기인 '작은 교회를 살려야 한다'는 깨달음을 얻은 다음, 정말로 눈물 흘리며 회개 아닌 회개를 한 일이 있다. 너무나 아픈 기억이 살아났기 때문이다.

예전에 어느 교회에서 부교역자로 사역하던 때의 일이다. 그 교회가 부유한 동네에 있었기에 여름 휴가철이 되면 휴가비를 챙겨주는 성도님이 계셨을 정도였다. 그래서 큰 어려움 없이 목회하던 시절이었다. 한번은 어떤 성도님이 후원하셔서 담임목사님과 수십 명의 사역자들이 함께 제주도로 휴가를 갔다. 비행기를 타고 가서 좋은 숙소에서 자고 맛있는 밥도 먹었다. 난생처음 푸른 바다에서 배낚시도 즐겼다. 2박 3일간 사역의 피로를 푸는 특별한 시간을 보냈다. 담임목사님이 바뀐 후에도 그런 여행을 한 번 더 다녀왔다. 그 일이 7월 6일 아침에 생각나면서 눈물이 났던 것이다. 그건 회개의 눈물이라기보다, 아마도 뉘우침의 눈물이라고 말하는 것이 맞을 것 같다.

왜 뉘우침의 눈물이었을까? 배낚시를 가서? 갈 수도 있지! 목사는 배낚시 가면 안 되나? 비행기 타고 제주도 여행을 가서? 해외여행이 일반화된 것이 벌써 한참 전인데, 목사라고 비행기 타고 제주도 간 것이 문제일까?

내가 눈물을 흘렸던 이유는 다른 것이 아니었다. 단 한 번도 모르드개 목사들의 눈물을 생각하지 못했다는 걸 깨달았기 때문이다. 이 글을 쓰는 지금도 눈시울이 뜨거워지는 이유는 같다. 13년간의 에스더 목사 시절에 제주도에 가서 배낚시를 했기 때문이 아니다. 개척하여 17년 동안 힘들게 사역하다가 바닥까지 내려와 목회를 포기하고 싶은 순간이 오기까지, 더 정확히는 7월 6일 아침에 하나님이 주신 깨달음을 얻기까지, 30년의 목회 여정 가운데 단 한 번도 모르드개 목사들을 생각한 적이 없었다는 것이었다. 어쩌면 그리도 그 분들의 고통을 생각하지 못했을까? 아무리 내가 처한 상황이 아닐지라도, 하나님의 종이라고 불리며 사역하면서도, 그 생각을 30년간 한 번도 못 했을까? 남들 잘 때 잠 못 자며 고통의 기도를 드려야 했던 목사들의 심정, 다음 달에 교회를 닫아야 해서 몸부림치던 작은 교회 목사들의 아픔을 어찌 그리도 몰랐을까? 그걸 뼈저리게 느끼자, 공감하지 못한 것이 뼈에 사무치도록 죄송했다.

나는 예전에 사라지는 교회들을 보면 이런 생각을 했다.

'저 교회 목사님은 정말 하나님이 원하셔서 개척하신 것이 맞을까? 자기가 하고 싶어서 그냥 한 것은 아닐까? 하나님의 인도하심이 맞다면, 왜 개척한 지 몇 년 만에 문을 닫을까?'

이제는 깨달았다. 우리 모두의 잘못 때문이다. 우리의 마음이 하나님의 눈물이 있는 곳에 있지 못했기 때문이다.

교회는 주님이 다시 오실 길을 준비하기 위한 그리스도의 몸이요 성령님이 이끌어 가시는 거룩한 공동체이다. 그러므로 하나님의 눈물이 있는 곳이 교회다. 이런 교회가 개인의 능력으로 문을 닫고 사라지는 현실이 과연 성경적이라고 할 수 있을까? 하루에도 수없이 사라지는 치킨집이나 카페와 똑같이 취급돼야 할 것일까?

지금도 문을 닫고 있는 이 땅의 그리스도의 몸을 위해, 이제는 뭐라도 해야 한다. 이대로 계속 가면 안 된다. 정말 안 된다…

9장

모르드개가
간곡하게 설득하다

그가 에스더의 말을 모르드개에게 전하매 모르드개가 그를 시켜 에스더에게 회답하되 너는 왕궁에 있으니 모든 유다인 중에 홀로 목숨을 건지리라 생각하지 말라 이 때에 네가 만일 잠잠하여 말이 없으면 유다인은 다른 데로 말미암아 놓임과 구원을 얻으려니와 너와 네 아버지 집은 멸망하리라 네가 왕후의 자리를 얻은 것이 이 때를 위함이 아닌지 누가 알겠느냐 하니 _에 4:12-14

모르드개가 에스더에게 자신과 유다인들의 위기를 알렸음에도, 에스더는 "지금 당장은 뭔가 할 힘이 없다"라고 말한다. 모르드개는 에스더 왕후에게 다시 강하게 설득한다. 모르드개의 설득에는 한국교회의 위기 상황을 타개할 수 있는 몇 가지 중요한 인사이트가 있다.

모르드개의 첫째 권면은 "혼자 살 수 있다고 생각하지 말라"는 것이다. "모든 유다인을 죽이겠다는데, 너 하나는 왕궁에 있다고 목숨을 부지할 수 있을 것이라고 생각하느냐?"라는 말이었다. 사실 모든 유다인이 죽음의 위기 앞에 놓여 있었다. 이대로 시간이 가면 전부 죽게 생겼다. 그러니 그저 왕궁에 있다고 해서 죽음의 위기를 넘길 수 있을 거라고는 생각하지 말라는 것이다.

코로나 팬데믹이 있기 전엔 넘치는교회도 작은 편이지만, 탑차를 사서 장비를 싣고 전국 방방곡곡을 다니며 다음세대를 위한 사역을 했다. 매주 목요일마다 서울을 비롯해 광주, 부산, 대전, 제주 등 5대 도시를 순회했다. 감당하기 어려울 정도로 많은 예배 사역을 했다. 여름 캠프가 많아서 바쁠 때는 누가 내 스케줄을 대신 정리해주면 좋겠다는 생각을 한 적도 있다. 한국교회와 다음세대를 위해 그토록 바쁘게, 나름대로 활발히 사역할 때마다 늘 이런 의문이 있었다.

'왜 큰 교회 목사님들은 사라져가는 다음세대에 대한 관심이 없을까?'

그런 의문을 가지고서 혼자 한 생각이 있다. '아마도 큰 교회 목사님들은 지금의 성도들과 함께 은퇴할 때까지 잘 갈 수 있을 것이라고 생각하시나 보다'라는 것이었다. 위기의식을 품기보다 현실에 안주하는 것 같다고 느꼈다. 나름대로 하는 자기 사역에 만족하기 때문일 것이다. 그러니 '죽어가는 다음세대를 강 건너 불구경하듯 보고 계신 것이 아니겠는가?' 하는 생각을 하기도 했다. 하지만 '우리 교회는 성도도 많고 재정도 넉넉하다. 코로나 아니라 더한 것이 또 와도 이겨낼 수 있다. 제자 훈련을 잘해서 성도들이 성숙하고, 정말 튼튼해서 괜찮다'라고 생각하는 것이 과연 맞을까?

어느 목사님에게 들은 말이다. 작은 교회를 목회하고 있지만, 교단에서 다음세대를 위해 애쓰고 있는 분이다.

"제가 큰 교회 목사님들과 이야기해보면, 다 그냥 이대로 좋다는 느낌을 받아요. 뭔가 변화하기보다, 지금의 좋은 환경에서 목회하다 은퇴하기만 원하시더라고요."

나도 그런 분을 만나보았다. 어느 지역에 있는 중형교회의 예배를 갱신해달라는 부탁을 받고서 몇 달간 가서 강의하고 예배도 인도했는데, 그 교회 담임목사님은 목회를 잘하셨고, 은퇴를 2-3년 남겨둔 상태였다. 그 분이 내게 자랑하듯 이런 말을 하셨다.

"이 목사는 퇴직연금 같은 것이 있나? 청년들하고 사역하니 젊은 교인들 사정에 그런 것은 없겠지? 나는 벌써 수십 년을 부어서 은퇴하면 꽤 많은 연금을 받을 수 있네."

몇 차례 만나다 보니 친해져서, 그 목사님께서 후배인 내게 격의 없이 농담처럼 하신 말씀이다. 다른 사람이 들었으면 기분 상할 수도 있는 말이다.

"네…. 저는 없는데요…. 매달 월세 내기도 어렵고, 사례비는 생각도 못 하고 있습니다. 연금을 어떻게 내겠어요?"

대답하면서 약간은 씁쓸하기도 했다. 하지만 청년사역이 나의 부르심이라고 생각해왔다. 그동안의 사역을 통해 청년이 살아난 열매도 많았다. 그래서 웃으며 말할 수 있었다. 그런 다음, 그 목사님께 이런 질문을 드렸다.

"그런데 왜 큰 교회들은 다음세대에 대해 손을 놓고 계실까요? 저 같은 작은 교회 목사도 아등바등하고 있는데, 큰 교회 목사님들께서 좀 더 신경을 쓰시면 얼마나 좋겠어요?"

이 말을 들은 그 목사님은 나를 달래려는 듯 이렇게 말하셨다.

"이 목사, 내가 다음세대를 신경쓰지 않는 것이 아니야. 다음세대를 살리자는 이 목사님의 책을 사서 노회 목사님들에게 한 권씩 다 주었어. 좀 읽어보라고. 그랬더니 그 목사님들이 하시는 말씀이, 다음세대 중요한 건 다 아는데, 지금 교회의 중직들이 1년에 20퍼센트씩이나 빠져나가고 있어서 다음세대 신경 쓸 겨를이 없다고 하시더라고. 그러니 이 목사가 좀 이해를 해줘…."

설명을 들으니 이해는 되었다. 하지만 안타까운 마음은 커지기만 했다.

우리가 사는 세상에는 공통적인 습성이 있다. 중심부에 있는 사람들은 결코 변화를 원치 않는다는 것이다. 그래서 늘 새로운 일과 개혁은 중심이 아닌 변방에서 나오게 되어 있다. 인지상정이다. 그래도 목회자들이고 하나님 나라의 교회들이 아닌가! 이 땅에 하나님 나라를 전파하고 확장해야 할 사명을 받은 사람들이 아닌가?

교회는 본질적으로 변방에 있는 존재이다. 변방에서 중심을 향해 복음을 전할 사명을 가졌다. 단순하게 인간의 보편적인 습성과 감정에만 충실하는 것이 전부는 아니다. 하나님의 마음을 헤아리고, 그 뜻대로 행하기 위해 조금 더 애를 써야 하지 않을까?

모르드개가 에스더에게 두 번째로 한 권면은 이것이다.

"이 때에 네가 만일 잠잠하여 말이 없으면, 유다인은 다른 데로 말미암아서라도 놓임과 구원을 얻을 것이다. 그러나 너와 네 아버지 집은 망할 것이다."

모르드개에게는 하나님께서 자기 백성인 유다인을 반드시 지키실 거라는 믿음이 있었다. 당연하지 않은가? 하나님이 선택하신 유다인을 어찌 전부 죽게 만드시겠는가? 사람도 기억하는 대상을 내버려두는 법은 없다. 하나님도 마찬가지이시다. 개척하여 교회를 목회하다가, 어쩔 수 없는 상황에서 문을 닫는 목사들의 수고를 하나님은 반드시 기억하실 것이다. 비록 우리는 모른다고 할지라도, 어렵고 힘든 상황이라 대리운전을 해서 교회 월세를 내고, 가정을 돌보고 목회하는 작은 교회 목사들의 수고를 하나님은 다 아실 것이다. 하늘의 상급을 이미 가득히 쌓아두셨을 것이다. 이 땅에서도 그냥 모른 척하고 계시지만 않으실 것이다.

예전에 내 친척 중에 누군가가 한국의 큰 교단 신학대학원의 원우회장을 역임한 분에게서 들었다는 이야기가 생각난다. 그가 속한 원우회장단이 남한산성에 계시던 한경직 목사님을 찾아뵈었다고 한다. 훌륭하신 선배 목사님에게서 뭔가 배우고 싶어 이런 질문을 했다.

"목사님은 어떻게 이렇게 훌륭하게 목회하셨습니까? 저희 후배들에게 좋은 가르침을 부탁드립니다."

까마득한 후배들에게 이런 질문을 받으신 한 목사님은 고개를 숙이고서 잠시 생각하시더니, 이런 말씀을 하셨다고 한다.

"나한테 훌륭한 목회를 했다고 말들 하시는데…. 천국에 갔을 때 예수님께서 시골에서 성도 10명 데리고 평생을 목회하신 목사님과 나 사이에서 누구를 더 칭찬하실지, 저는 잘 모르겠어요. 자신 없어요."

참 존경스러운 고백이시다. 하늘의 상급은 이 땅에서 사람의 눈으로 보기에 얼마나 큰일을 했느냐, 얼마나 큰 목회를 했느냐로 보장되진 않을 것 같다.

모르드개가 에스더 왕후를 설득한 세 번째 권면은 이것이었다.

"네가 왕후의 자리를 얻은 것이 이 때를 위함이 아닌지 누가 알겠느냐?"

정말 멋진 말인 것 같다.

나는 7월 6일 아침에 에스더서를 통해 하나님의 마음을 깨달으면서, 그때까지 책의 제목은 정하진 못했지만, 부제를

'에스더서를 통한 한국교회 긴급 진단'이라 정해야겠다고 생각했다. 지금의 에스더 목사님들이 한국교회의 일반적인 모습이라면, 서둘러 진단해야 한다는 점에서 딱 맞는 말인 것 같았다.

'저수지'라는 것이 있다. 도시에 거주하는 사람들은 보기 어렵지만, 농사를 짓는 시골에는 동네마다 하나씩 있는 것이다. 내린 비나 흘러든 물을 저장했다가 흘려보내기 위한 공간으로, 일종의 '인공호수'다. 이 땅의 모든 피조물은 물 없이는 살 수 없는데, 특히 밭농사와 논농사는 물이 매우 필요해서다. 모종을 심고 추수할 때까지, 식물은 매 순간 적당량의 물이 공급되지 않으면 제대로 성장할 수 없기 때문이다.

옛날에는 가끔 봄과 가을에 물이 부족해서 파종한 씨가 말라 없어지고, 한여름에 가물면 논바닥이 쩍쩍 갈라져 한숨짓는 농부의 눈물과 하소연을 보고 듣기도 했다. 요즘에도 가뭄이 심하면 그럴 때가 있지만, 부근에 저수지가 있는 한 어느 정도는 견딜 수 있다. 그런데 한국도 이제는 물 부족 국가가 되었다. 지금은 치수(治水)가 국가적으로 중요한 사업이 되고 있다.

저수지는 가뭄이 올 때 물을 흘려보내기 위해 존재한다.

그런 것처럼, 교회의 저수지는 중대형 교회라는 생각이 들었다. '하나님의 저수지'인 셈이다. 가물 때를 대비해 물을 담아두었다가 흘려보내는 저수지처럼, 저수지 같은 교회들은 영적 가뭄이 온 이 시대의 작은 교회들에게 재정이라는 물을 흘려보내는 역할을 할 수 있다. 그럴 수만 있다면, 작은 교회 목사들이 재정이 부족해서 다른 직업을 병행하는 것을 이중직이 어떻고 하는 말로 따지는 일은 없을 것이다. 우리는 하나님의 자명한 의도를 깨달아야 한다.

작은 교회를 향한 하나님의 이런 마음을 깨닫고서 하루는 나의 멘토 목사님과 통화하는데, 그 분이 놀랍게도 내게 이런 말씀을 하셨다.

"대형 교회는 하나님 나라의 저수지입니다. 저수지는 물고기를 키우기 위해 만든 것이 아닙니다. 가뭄이 올 때 타들어 죽어가는 논과 밭에 저수지의 물을 흘려보내, 살리기 위해 존재하는 것입니다."

자신의 능력이 아니라 하나님의 은혜로 지금의 큰 교회를 이뤄내고 사역하고 있다는 말에 동의한다면, 큰 교회 목사님들은 교회에 많은 돈을 쌓아두기만 해선 안 된다. 그러는 건 가뭄에도 물을 흘려보내지 않는 저수지와 같다. 하루 빨리 저수지의 수문을 열어야 한다. 지금도 수많은 작은 교회들이 가뭄의 고통 속에서 말라가고 있기 때문이다. 그런 점에서, 모르드개의 이 말은 에스더만 들을 것이 아니었다. 오늘 우리 모두가 귀 기울여 들어야 할 말이다.

"네가 왕후의 자리를 얻은 것이 이때를 위함이 아닌지 누가 알겠느냐?"

10장
에스더가
구국의 결단을 내리다

> 에스더가 모르드개에게 회답하여 이르되 당신은 가서 수산에 있는 유다인을 다 모으고 나를 위하여 금식하되 밤낮 삼 일을 먹지도 말고 마시지도 마소서 나도 나의 시녀와 더불어 이렇게 금식한 후에 규례를 어기고 왕에게 나아가리니 죽으면 죽으리이다 하니라 _에 4:15-16

모르드개의 간곡한 설득에 에스더는 드디어 마음을 움직인다. 더 정확히 말하면, 하나님께서 모르드개를 사용하여 에스더의 마음을 움직이신 것이다. 하나님의 선민을 끝까지 지키시는 하나님의 신실하심을 우리 모두에게 보여주신 것이다.

작은 교회에 대한 하나님의 마음을 깨달은 7월 6일 아침, 나는 스마트폰에서 '작은 교회 살리기'라는 단어를 검색했다. 검색으로 찾은 뉴스 가운데 몇 개를 유심히 보았다. 하나는 예전부터 있던, 작은 교회의 연합을 주장하는 네트워크에 대한 것이었다. 다른 하나는 은퇴한 대형 교회 목사님께서 코로나 와중에 어려워진 작은 교회를 돕는 운동을 제안하셨다는 기사였다. 어느 중형 교회 목사님이 오래전부터 작은 교회를 돕고 계셨다는 이야기도 알게 되었다. 나도 그 분의 책을 몇 권 읽었고 존경하던 차에, 그 분이 개척교회와 미자립교회들을 돕는 사역을 하고 계셨다니 정말 기뻤다. 모두 감사하고 좋은 방안들이라고 생각했다. 지금도 작은 교회를 생각하는 목사들과 좋은 교회들이 있는 것이다. 그런데 '하나님은 왜 또 나에게 이런 마음을 주셨을까?' 하는 생각이 들었다. 게다가 뉴스에 난 교회들은 재정도 많은 큰 교회들인데, '왜 하나님께서는 나 같은 작은 교회 목사에게도 작은 교회에 대한 감동을 주셨을까?' 하는 의문이었다.

우리 교회의 중고등부를 섬기는 전도사님의 부친 목사님 생각이 났다. 아들 전도사님을 통해 그 부친의 이야기를 처음 들었을 때 '세상에 이런 목사님도 계시구나. 똑같은 사람인데 어떻게 그렇게 목회하실 수 있었을까?' 하는 감동을 받았다.

그 목사님은 20년 넘게 목회하고 계신 분이다. 월요일은 봉사하는 날로 정하고, 무엇이든 수리가 필요한 교회를 도우러 다니신다. 3명이나 입양하여 친자식처럼 키워오셨는데, 정부에서 나오는 입양 보조금을 한푼도 쓰지 않고 그들 이름으로 다 저금해 놓으셨다고 한다. 성장해서 독립하면 그들 몫으로 주겠다고 준비하시는 것이다. 더 말할 나위 없이, 너무나 많은 선행으로 가득한 목사님이시다. 나도 몇 차례 만나 뵈었지만, 내가 전도사님에게 전해 들은 이야기만으로도 세상에서 하나님이 가장 기뻐하시는 목사님이라는 생각이 들었다. 문득 그 목사님의 목회가 궁금해서 아들 전도사님에게 물어보았다.

"전도사님, 이런 질문을 해서 미안한데, 아버님 교회 성도가 몇 분 정도 되시나요?"

"네, 30명 정도 계십니다."

평생을 30명도 안 되는 성도들과 함께, 그렇게 열심히, 꾸준하게 자리를 지켜오신 것이다. 전도사님은 내가 묻지도 않은 이야기를 추가로 해주었다.

"아버님이 목회를 시작한 초기에는 월세 45만 원을 못 내서 어머님이 일을 시작하셨어요."

그 말을 듣는 순간, 숨이 턱 하고 막혔다. 사모님이 건강하시고 상황이 허락하면 그렇게 일이라도 하실 수 있지만, 그렇지 않은 목사님들은 어떻게 해야 하나?

우리 교회는 개척되자마자 1년 만에 100명 가까이 모였다. 처음 임대한 공간은 한 달 월세가 750만 원이었을 정도였다. 설립 예배를 드릴 때 오신 지방회 목사님들이 "처음부터 교회가 너무 큰 것 아니냐?"라는 말까지 했을 정도였다. 나는 지하에서 교회를 시작한다는 건 꿈도 꾸지 못했다. 그러면서 30년 동안 목회해 왔으니, 지하실에서 물이 새 곰팡이 냄새 나는 교회를 섬기는 모르드개 목사님들의 마음을 전혀 알 수 없었다. 그들의 삶과 사역을 생각해볼 여유가 없었다. 그저 내 목회에 열심이다 보니 그랬을 것이다. 그랬는데, 30년을 에스더 목사로 살던 내가 코로나 이후에는 모르드개 목사가 되었다. 매달 1300만 원의 월세를 준비하느라, 두 배로 급등한 이자를 마련하느라 전전긍긍하고 있다. 사역자들의 사례비는 고사하고, 정말 부도가 날듯한 교회를 보며 목회를 포기하려 했다. 이런 내 처지가 마치 사업을 크게 벌여놓고 자금난에 빠져 부도 위기에 처한 기업체 사장 같았다. 예전 같으면 할 필요도 없고 하지도 못할 말이었지만, 알고 있던 큰 교회 목사님들에게 도와달라고 요청할 때면 서러움이 북받쳐 울음이 터졌다.

나는 이제 30년 동안 한 번도 알지 못했던 모르드개 목사님들의 마음을 알 뿐 아니라, 그 마음을 내 속에 가졌다. 그러면서 그동안 결코 이해할 수 없었던, 간판이 빛에 바래 잘 보이지도 않는 상가 교회 목사님들의 마음을 이해하게 되었다.

내가 17년 전에 개척 준비를 할 때의 마음이 떠오른다. 1달 반 동안 장소를 얻기 위해 발이 부르트도록 돌아다녔다. '임대'라는 광고를 보면 지하든 7층이든 반드시 들어가서 확인하곤 했다. 교회 장소로 쓰려면 건물의 외부보다 반드시 내부를 보아야 했기 때문이다. 그럴 만한 장소를 구하기가 정말 어려웠다. 마음에 드는 장소를 발견해도 건물주는 교회와 계약하려 들지 않았다. 그가 교회를 다녀도 마찬가지였다. 모든 건물주에게 교회는 가장 마지막으로 고려하는 대상이라는 걸 그때 알았다. 건물주는 많은 사람이 비상업적으로 오가는 교회가 싫기 때문이다. 그렇게 어렵게 교회 장소를 알아보러 다녔기에, 개척하고 몇 년간은 유리창에 붙은 '임대'라는 글만 봐도 가슴이 두근거렸다.

이제는 새로운 두근거림이 생겼다. 상가 지하실의 작은 교회, 빛바랜 간판이 걸린 교회 앞을 지나가다 보면 두근거림보다 뭔가 짠한 마음이 든다.

'저 교회는 사정이 어떨까? 월세는 잘 낼 수 있을까? 혹시 얼마 있다가 문을 닫는 것은 아닐까?'

사실 이 책을 쓰기 전에, 하나님께서는 연초에 넘치는교회의 어려움을 모두에게 알리라는 마음을 내게 주셨다. 교회 설립기념일을 전후해서, 작은 교회들에 대한 마음을 받기 몇 달 전이었다. 한국의 100여 개 대형 교회에 도와달라는 내용의 편지를 간곡히 써서 보냈다. 그러면서 깨달은 것은, 비록 이 일이 내가 섬기는 교회의 어려움 때문에 시작된 것이지만, 하나님께서 바라보시는 것은 '사라지는 작은 교회'라는 것이었다.

하나님께서 한국교회를 보시고 아파하시는 까닭은 '몸부림치는 작은 교회 목사들의 피눈물 기도'를 들으셨기 때문이다. 이런 깨달음이 내게 온 이후, 작은 교회 목사들에 대한 이야기를 더 귀 기울여 듣기 시작했다. "먹고 살아야 하고 아이들 교육도 시켜야 하니까, 대리운전을 비롯한 여러 가지 일을 어쩔 수 없이 이중으로 하게 되었다. 그렇게 일하다 보니 목회에 대한 관심과 열정은 점점 사라지고, 결국 돈 버는 데만 집중하게 된다"라는 고백도 들었다.

하지만 그들도 다들 큰 각오를 품고서 목회자의 길에 들어섰을 것이다. 애초에 돈을 목적으로 삼은 사람들이 아니었다. 그럼에도 목회 외의 일을 하는 이유는 아이러니하게도 목사라는 직책과 교회를 유지하고 싶어서다. 그래서 나는 '성직자의 이중직이 과연 옳은가'라는 신학적 논쟁은 전혀 하고 싶지 않다.

자신의 교단에서 '작은 교회를 돕는 일'을 하는 목회자에게 들은 이야기다. 지금도 그 일을 하기는 하는데, 조금 시들해졌다고 한다. 왜냐하면 도움만 기다리는 목회자도 있기 때문이라는 것이다. 하지만 '구더기가 무섭다고 장 못 담그나?'라는 말이 있다. 설령 도움만 기다리는 분이 있다고 할지라도, 우리는 한 가족이라는 마음으로 그들에게 사라진 열정이 회복되도록 도와야 한다. 그런 일은 마치 중환자실에 있는 병자를 살리는 것과 같다. 중환자는 우선 살려놓고 보아야 한다. 어느 정도 건강이 좋아지면 '운동해라', '건강식 하라'고 말해도 되지만, 중병을 앓고 있는 이에게 우선 필요한 것은 응급처방과 산소호흡기다. 도움만 바라는 목사라 할지라도, 교회 문을 닫고 평생 죄인으로 살아가게 두어선 안 된다.

이제 저수지 같은 큰 교회, 대형 교회 목사님들에게 간곡히 제안드린다. 에스더처럼 각오하고 다짐하시라고…. 당회를 소집해서 교회 예산과 사례비를 10퍼센트라도 줄이자고 결의하시라고…. 그렇게 해서 마련한 예산으로 주변의 작은 교회들을 도와준다면 어떤 일이 일어날지 생각해보시라고…. 교단을 초월하여 이웃의 큰 교회들과 그런 일을 같이 하도록 협의한다면, 한국교회 전체에서 이런 운동이 일어난다면, 과연 어떤 일이 일어나겠는지 생각해보시라고…. 먹고 사는 문제야 목사님의 생업이니 직접 하시더라도, 교회 월세는 얼마라도 보태드릴 테니 교회 문은 절대 닫지 마시라고, 그렇게 함께하겠다며 그들의 용기를 북돋아준다면, 과연 어떤 변화가 일어날지 생각해보시라고….

말이 10퍼센트지, 큰 교회일수록 재정을 나누기가 더 어려운 일이라는 걸 나는 잘 안다. 내가 큰 교회에서 사역해 봐서다. 하지만 에스더가 했던 것처럼 '죽으면 죽으리이다' 하는 정도의 각오 없이는 한국교회가 살아날 수 없다. 황소개구리만 남는 왜곡된 생태계를 만들면 안 되기 때문이다. 작은 교회들이 사라지는 건 막아야 하기 때문이다. 상가 지하실에 교회가 있을지라도, 십자가의 붉은 불빛이 여기저기에서 빛나게 해야 하기 때문이다. 외국의 예술가가 보기에 어떻든 상관할 바가 아니다. 도시에 몇 개의 대형 교회만 남아 있는 우울한 모습은 정말 상상하기 싫다.

'죽으면 죽으리이다!' 하는 에스더의 고백이 그립다. 에스더의 결단과 그에 맞는 행동이 한국의 저수지인 큰 교회 목사님들의 고백이 되기를 기도한다. 하나님께서 이 일을 기다리고 계신다고 믿는다. 이 땅의 작은 그리스도의 몸, 위기에 처한 작은 교회들은 우리 모두의 가족이기 때문이다. 작은 교회들의 목사님들은 이미 '죽으면 죽으리이다' 하는 고백을 하고 있다. 평생을 모르드개 목사로 사역해온 목사님들은 그냥 이것이 목회려니, 내게 주신 분깃이려니 하며 주어진 환경에서 최선을 다하고 계시다.

3부

살길이 있다

11장
모든 유다인이
위기 극복을 위해 금식하다

모르드개의 간곡한 권면에 에스더는 동족 유다인이 처한 현실의 위중함을 깨닫는다. 자신이 지금 왕후가 되어 있는 것이 하나님의 계획 가운데 있었음을 알고서 결단한다.

> 당신은 가서 수산에 있는 유다인을 다 모으고 나를 위하여 금식하되 밤낮 삼 일을 먹지도 말고 마시지도 마소서 나도 나의 시녀와 더불어 이렇게 금식한 후에 규례를 어기고 왕에게 나아가리니 죽으면 죽으리이다 하니라 _에 4:16
>
> 모르드개가 가서 에스더가 명령한 대로 다 행하니라 _에 4:17

한국교회는 이미 한참 전에 변곡점을 지나 쇠퇴기로 향하고 있다. 나는 늘 생각하는 위기이지만, 그 하방의 기울기가 얼마나 가파를지, 아니면 완만할지가 문제일 뿐이다.

아주 오래전, 내가 일본 선교사가 되겠다는 비전이 있었을 때, 일본 어느 현의 교회에서 지구역장 세미나를 인도한 적이 있다. 전날에 미리 가서 그 교회에서 숙박하고, 세미나가 열린 날엔 오시는 일본 성도들을 맞이했다. 3시간이나 차를 타고 오는 분이 대부분이었다. 그런 분들이 모여 부르는 찬송 소리를 들으니 감동이 되었다. 일본에도 교회가 있어서, 이렇게 성도들이 모여 함께 찬송가를 부르며 성도의 교제를 나눌 수 있다는 사실이 너무나 아름답고 고마웠다. 하지만 한국교회가 일본교회처럼 세 시간이나 차를 타고 가야 찾을 수 있을 만큼 줄어든다면, 과연 아름답고 좋아 보이겠는가? 한국교회가 그런 모습이 된다는 건 상상하기도 싫다. 생각만 해도 마음이 아프다. 한국교회가 혹시 일본교회처럼 되지는 않을까?

오래전에 심방을 갔다가, 한 사업장의 벽에 이런 영어 문구가 붙어 있는 걸 본 적이 있다. "Change or Die!"

번역하면 '변화하라! 아니면 죽는다!' 쯤이 되겠다. 변화가 얼마나 중요한지를 극단적으로 표현한 구호였다. 맞다. 변화를 원한다면 뭔가는 일어나야 한다. 실제로 변화하고 있어야 한다. 한국의 작은 교회들을 이대로 두다가는 버티고 버티다가 문을 닫을 것이다. 동네마다 밤이면 볼 수 있던 십자가의 불빛을 더 이상 볼 수 없게 될 것이다.

거대한 대형 교회들은 화려한 모습을 뽐내며 남아 있긴 할 것이다. 그런 교회들이 코로나 때에도 20퍼센트 부흥했다고 자랑한다면, 하나님께서는 결코 기뻐하지 않으실 것이다. 한국교회가 변화를 원하시는 하나님의 뜻에 순종하지 못하면, 하나님께서는 우리가 상상할 수 없는 채찍을 한국교회에 드실 수 있다. 물론 사랑의 매이겠지만 말이다.

하나님은 이 땅의 교회가 다 잘 되기를 원하신다. 그래서 마지막 주님 재림의 때를 예비하기를 원하신다. 마지막 때의 일을 써놓은 요한의 계시록에 일곱 교회를 향한 메시지들이 있는 것도 사실은 다 이 때문이다. 그 메시지들은 지금 이 땅에서 마지막 때를 맞이하는 모든 교회에 주시는 말씀이기도 하다. 그 메시지들의 공통점은 변화하라는 것이다.

특히 코로나에는 이 땅의 교회들이 변화하기를 원하시는 하나님의 뜻이 있었다고 생각한다. 하나님께서 교회의 변화만을 위해 코로나를 허용하신 것은 물론 아니다. 하지만 세계적인 아픔 속에서, 마지막 때에 거룩한 신부로 단장해야 할

이 땅의 교회들에게 강력한 변화를 원하시는 메시지가 그 속에 있었던 건 맞다. 그런데 코로나 이후, 소위 포스트코로나 시대를 사는 교회들은 무엇이 변했나? '하나님이 원하시는 변화가 무엇이다'라는 깨달음은 있었는가? 세상은 팬데믹 이후에 엄청난 변화를 맞이하고 있다. 그 안에서 구원의 방주를 자처하는 교회는, 특히 한국의 교회는 무엇이 변했을까? 목사들의 사고는 어떻게 변했는가? 성도들은 무엇이 변했는가?

변하긴 변한 것 같다. 모이기를 싫어한다. 조금만 아프면 교회 오지 않는다. 목사들은 줄어드는 성도 때문에 어떻게 하든 생존을 위해 애를 쓴다. 어떤 큰 교회는 화려하고 비싼 방송 장비와 전문 인력을 추가해 웬만한 방송국 못지않은 수준의 영상을 송출한다. 그 목적이 여기저기를 기웃거리는 일명 '노마드'(유목민처럼 이 교회 저 교회를 기웃거리는) 성도들을 끌어모으려는 것이라면 잘못된 분석일까?

한국의 일부 큰 교회들의 문제가 신문 지상과 방송에서 오르내리던 때가 가끔 있었다. 교회가 세상에서 그런 식으로 거론되는 건 좋지 않다. 사실 여부를 떠나, 뭐가 됐든 잘못한 구석이 있기 때문이다. 그런 뉴스를 접하면서 이런 생각을 했다.

'아, 하나님께서 한국의 큰 교회를 혼내시는구나…'

당시에 묵상하던 에스겔서 말씀이 떠오른다.

그룹에 머물러 있던 이스라엘 하나님의 영광이 성전 문지방에 이르더니 여호와께서 그 가는 베 옷을 입고 서기관의 먹 그릇을 찬 사람을 불러 여호와께서 이르시되 너는 예루살렘 성읍 중에 순행하여 그 가운데에서 행하는 모든 가증한 일로 말미암아 탄식하며 우는 자의 이마에 표를 그리라 하시고 그들에 대하여 내 귀에 이르시되 너희는 그를 따라 성읍 중에 다니며 불쌍히 여기지 말며 긍휼을 베풀지 말고 쳐서 늙은 자와 젊은 자와 처녀와 어린이와 여자를 다 죽이되 이마에 표 있는 자에게는 가까이 하지 말라 내 성소에서 시작할지니라 하시매 그들이 성전 앞에 있는 늙은 자들로부터 시작하더라 _겔 9:3-6

심판은 성전에서부터, 그것도 성전 앞의 늙은 자들로부터 시작하라고 명하신다. 이 말씀에서 늙은 자들이 누구인지 우리는 다 안다. 그렇다면, 지금 한국교회의 변화를 위해 앞장서야 할 자들이 누구인지도 우리는 알 수 있다.

지금은 과거 한국교회의 부흥기를 이끈 목사들의 뒤를 이어 큰 교회를 이끄는 목사들이 변화의 주체가 되어야 할 때이다. 나아가, 큰 교회들의 목사들과 아직도 마지막 사역의 열정을 불태우는 모든 작은 교회 목사들의 마음이 하나되는 것이 필요하다. 모든 교회가 서로를 돌아보아야 할 때이기 때문이다. 옆에 있는 상가 교회가 월세는 잘 내고 있는지, 십자가의 불을 계속 밝히고는 있는지, 이런 것까지 돌아보아야 한다. 점점 사라져가는 밤하늘의 십자가 불빛을 계속 밝히려면 힘을 합쳐야 하기 때문이다. 그러자면 큰 교회들이 예산을 줄이고 재정을 공유해서라도, 이웃의 상가와 지하실의 작은 교회들을 도와야 한다고 말씀드리는 것이다. 그래야 모두가 살 수 있기 때문이다. 그들이 문을 닫지 않아야 한국교회가 한 가족으로서 함께 살아갈 수 있기 때문이다. 결국 이 땅의 모든 교회를 위해서다.

이제는 '내 교회와 네 교회'를 구분하는 개념을 내려놓아야 할 때이다. 내 교회가 부흥하면 목회의 성공이고, 나만 은퇴할 때까지 어려움이 없으면 그만이지 하는 생각이 혹 있다면, 다 하나님 앞에 내려놓으면 좋겠다.

필자는 다음세대를 위해 여러 가지 형태로 교회 연합 운동을 한 적이 있다. 그때 깨달은 한 가지는, 담임목사들의 연합에는 어떤 보이지 않는 한계가 항상 존재한다는 것이다. 그것은 각자 목양하는 교회가 쳐놓은 울타리와 서로에 대한 경계였다. 연합의 필요성을 알고 있고 종종 연합도 하지만, 그런 일들이 과연 자기가 목양하는 교회에 어떤 플러스 요소로 작용하는지 항상 점검하며 연합의 정도와 경계를 정하는 것이다. 한 교회를 담임하며 목양에 최선을 다해야 하는 담임목사들에게는 어쩔 수 없는 일이 분명하다.

하지만 리더의 위치는 중요하다. 리더의 생각과 가치관과 영성이 무엇이고 어디에 있는지가 중요하다는 뜻이다. 리더의 모든 것은 자연스레 따르는 모든 자에게 전염되기 때문이다. 아빠의 삶의 태도가 자녀들에게 자연스레 복사되는 것처럼 말이다. 그러므로 목사들이 먼저 연합하고 주위의 작은 교회를 함께 돌아본다면, 한국의 모든 성도들은 그대로 따를 것이다. 코로나를 버티고 꿋꿋하게 믿음을 지켜온 이 땅의 성도들은 개교회를 초월하여 하나님 나라에 대해 이미 활짝 열려 있다. 오히려 목사들이 자신이 목회하는 교회로 인해 하나님 나라에 대해서는 닫혀 있다는 느낌을 지울 수 없다.

우리 교회의 멘토이신 이승종 목사께서 오래전에 사역자들을 멘토링하기 위해 세우신 단체가 있다. '어깨동무사역원'이 그것이다. 이를 통해 많은 사역자에게 바른 목회에 대한 멘토링이 이루어졌다. 이 사역원에서는 사역자들이 동역자로서 '사명 동지'이자 '생명 동지'라는 점을 강조한다. 그래서 이 목사님이 자신의 저서에 사인해 주실 때는 '사명 동지, 생명 동지'라는 글을 적어 주신다. 필자의 사무실에도 목사님이 크게 써주신 '사명 동지'라는 붓글씨가 걸려 있다. 우리가 '동지'라는 어깨동무 정신이 한국교회에 정말 필요한 때다.

> 그 때에 내가 여러 백성의 입술을 깨끗하게 하여 그들이 다 여호와의 이름을 부르며 한 가지로 나를 섬기게 하리니 _습 3:9
> Then I will purify the lips of the peoples, that all of them may call on the name of the Lord and serve him shoulder to shoulder.

모르드개 목사와 에스더 목사의 진실된 어깨동무가 한국교회를 살릴 것이다.

20대 중후반의 청년들과 함께 교회를 개척하여 17년을 사역한 필자는 이 땅의 모든 목회 동역자들을 정말 존경하고 축복한다. 나의 인생관에서 중요한 한 가지는 선배를 존중하는 것이다. 특히 나보다 나이가 한 살이라도 더 있고, 목회를 1년이라도 더하신 선배 목사님은 무조건 존경한다. 목사로서 지금까지 긴 인생을 살아온 분들에 대한 존중심이다. 그 분의 삶이 어떠하든, 목회가 어떻든 상관없다. 무조건 존중하기로 했다. 왜냐하면 모든 인생이 쉽지 않고, 목회는 정말 쉽지 않기 때문이다. 무엇보다 이 땅의 훌륭하신 선배 목사님들로 인해 한국교회는 전세계가 볼 수 없는 부흥을 맞이했기 때문이다. 비록 지금은 어려운 가운데 있지만, 산에서 소나무 뿌리라도 뽑겠다는 그 분들의 기도와 구령의 열정이 한국교회 안에 아직도 영적 DNA로 존재하고 있다. 그 열정이 지금의 한국교회를 이끌고 있다.

작은 교회들이 사라져가고 있는 이 시대에 선배 목사님들의 열정이 그립다. 작은 교회들이 사라지는 건 이 땅의 모든 크리스천의 책임이지만, 하나님께서 은혜로 저수지가 되게 해주신 대형 교회 목사들이 과거의 열정의 되살려 작은 교회들을 살리는 일에 관심을 가져준다면, 그래서 같이 어깨동무를 해주신다면, 우선 작은 교회들이 살아나고 한국교회도 다시 부흥의 전기를 맞이할 수 있지 않을까 생각해서다.

12장
하만이 모르드개를
처형할 계획을 세우다

그 날 하만이 마음이 기뻐 즐거이 나오더니 모르드개가 대궐 문에 있어 일어나지도 아니하고 몸을 움직이지도 아니하는 것을 보고 매우 노하나 참고 집에 돌아와서 사람을 보내어 그의 친구들과 그의 아내 세레스를 청하여 자기의 큰 영광과 자녀가 많은 것과 왕이 자기를 들어 왕의 모든 지방관이나 신하들보다 높인 것을 다 말하고 또 하만이 이르되 왕후 에스더가 그 베푼 잔치에 왕과 함께 오기를 허락 받은 자는 나밖에 없었고 내일도 왕과 함께 청함을 받았느니라 그러나 유다 사람 모르드개가 대궐 문에 앉은 것을 보는 동안에는 이 모든 일이 만족하지 아니하도다 하니 그의 아내 세레스와 모든 친구들이 이르되 높이가 오십 규빗 되는 나무를 세우고 내일 왕에게 모르드개를 그 나무에 매달기를 구하고 왕과 함께 즐거이 잔치에 가소서 하니 하만이 그 말을 좋게 여기고 명령하여 나무를 세우니라 _에 5:9-14

하만은 모르드개에 대한 분노가 치밀어 올랐다. 여전히 자기를 무시하는 모르드개다. 왕후의 잔치에 왕 말고는 오직 자신만 초대받았는데, 이런 그에게 여전히 절하지 않는 모르드개를 죽이기로 결심한다. 그 계획이 어떻게 결말이 날지 모른 채 말이다.

사탄은 예수님을 십자가에 못 박을 때도 승리감에 도취했을 것이다. 사탄의 가장 큰 실수는 자신의 모든 전략과 행동이 여전히 하나님의 통제 가운데 있다는 사실을 잊은 것이다. 창조주 하나님께서 모든 것을 합력하여 선을 이루시고 교회를 지키신다는 사실을 간과하는 것 같다.

> 또 내가 네게 이르노니 너는 베드로라 내가 이 반석 위에 내 교회를 세우리니 음부의 권세가 이기지 못하리라 _마 16:18

하지만 최후의 승리가 우리 것이라고 해서 우리가 손 놓고 있어도 된다는 건 절대 아니다. 우리는 이 땅에서 언제나 피 흘리기까지 싸워야 한다. 더구나 포스트 코로나 시대를 사는 그리스도인들은 '그리스도인'이라는 이름을 지키기 어려운 환경 가운데 있음이 분명하지 않은가? 교회만 나오면 뭐 하는가? 삶 자체가 언제라도 사탄에게 이용당할 수 있는데 말이다.

한국교회의 미래인 다음세대의 현실은 특히 심각하다. 엄마와 아빠는 물론이고, 형과 누나도 모르는 유튜브의 이상한 계정에서 아이들은 자신들만의 놀이를 하고 있다. 그것도 정말 끔찍한 놀이를 보고 있으면서, 아주 심각하게 사탄에게 농락당하고 있다. 하룻밤에도 쇼츠(shorts) 영상을 100에서 200개씩 보고 자는 세대가 정신적으로 정상이라고 생각하는 것은 말도 안 된다. 현실을 몰라도 한참 모르는 것이다.

파격적으로 만들어야 많이 보고, 많이 봐야 돈도 벌고 거짓된 자긍심도 가지게 만들기에, 쇼츠를 비롯한 일명 '짤방'(짤림 방지용 사진의 준말로 재미있거나 흥미를 끄는 간단한 사진 또는 영상)의 폐해는 정말 심각하다. 임팩트가 강하기 때문이다. 10에서 15초에 불과한 영상들은 보는 이의 정신세계에 강한 영향을 줄 수밖에 없다. 그런 걸 자기 전에 보통 100개에서 많게는 200개씩 보니, 그 정신이 어떻게 온전할 수 있겠는가? 자기 보호 본능이 있는 우리 몸은 외부의 충격으로부터 스스로를 보호하기 위해 중독을 선택하는 경향이 있다고 한다. 100개의 충격에서 벗어날 방법을 중독에서 찾는 것이니 모순이 아닐 수 없지만, 많은 청소년이 중독에 빠지게 되는 이유이기도 하다.

어린아이들에게 ADD(주의력 결핍 장애), ADHD(주의력 결핍 과잉 행동 장애)가 많은 이유는 어쩔 수 없는 지금의 여러 가지 나쁜 환경 탓이다. 오염된 환경으로 신생아의 20-30퍼센트가 아토피라는 피부병을 가지고 태어나는 것처럼, 인터넷 때문에 정신적으로는 심각하게 병든 세대가 되어가고 있는 것이다. 참으로 마음 아프고 정말 견디기 힘든 상황이다. 30년 동안 다음세대를 살리기 위해 달려온 필자는 그 문제의 답을 나름대로 찾았고 그 답을 구체화시키고 있지만, 이 책과 조금 다른 주제인지라 더 거론하지는 않으려 한다.

하여튼 온라인은 다음세대뿐 아니라 교회의 장년세대도 사탄의 공격을 받게 하는 가상의 공간이다. 대표적인 문제가 어쩔 수 없이 허용된 온라인 예배의 활성화를 통해 성도의 공동체성이 무너지고 있는 것이다. 특히 작은 교회에는 치명적인 결과를 가져오고 있다. 주일에 대형 교회의 설교 영상으로 예배를 드리는 온라인 성도들이 많아지고 있기 때문이다. 그들도 성도이지만, 몸을 잃어버린 성도들이다. 이런 성도들이 개인의 영성으로 마지막 때를 과연 버틸 수 있을까? 절대 아니다. 개인의 영성과 함께 단단한 공동체성이 있어야 마지막 때의 공격을 이겨낼 수 있기 때문이다.

우리는 사자가 무리를 공격하는 방법을 방송에서 보아 알고 있다. 사자는 이리저리 왔다 갔다 하다가, 무리에서 떨어진 새끼나 늙은 짐승을 먹이로 점찍고 공격한다. 성도도 공동체에서 벗어나면 위험하다. 그러나 이미 적지 않은 성도들의 마음 가운데에서 공동체성이 상당 부분 무너졌고, 주일 성수의 개념마저 사라진 것이 지금의 현실이다.

불이 잘 붙은 장작도 하나씩 떨어뜨려 놓으면 곧 꺼지고 만다. 모아놓아야 활활 타오를 수 있는 것이 모닥불이다. 개인의 영성이 아무리 뜨겁다고 해도 지속되기는 어렵고, 영향력을 가지기는 더 힘든 이유다. 그래서 성경은 마지막 때일수록 모이기를 강조하는 것이다.

> 모이기를 폐하는 어떤 사람들의 습관과 같이 하지 말고 오직 권하여 그 날이 가까움을 볼수록 더욱 그리하자 _히 10:25

지금 세상은 온라인과 IT 시대에 더해 AI의 시대를 열어가고 있다. 기업체들은 오프라인 매장을 축소하고 온라인을 향해 달려간 지 오래다. 이 시대 온라인의 접점과 정점은 영상이다. 그래서 교회들에서도 영상에 사활을 걸고 있다. 일부 성도들은 잘 만들어진 유튜브 설교 영상 때문에 집에서 편하게 예배드리기를 좋아하게 되었다. 일부 기독교 지도자들도 "이제는 오프라인 교회가 뭐가 필요하냐"며 "온라인으로 더 많은 일을 할 수 있다"고 말하기도 한다. 지금의 젊은 세대가 온라인 세상을 오프라인 세상과 동일시한다는 것도 그렇게 주장하는 이유 중 하나다. 온라인 선교를 위해 여러 가지 콘텐츠를 만드는 일이 그들에게 아주 효과적이라는 말 자체는 옳다. 아프리카 오지에서도 뉴욕 한복판 교회의 예배를 볼 수 있으니, 온라인의 영향력과 중요성은 더 말할 필요가 없다.

그럼에도 우리가 분명하게 알아야 할 것이 있다. 교회는 온라인만으로 되지 않는다는 것이다. 반드시 오프라인이 기본이어야 한다. 쉽게 이야기하면 이런 것이다. 온라인에서 결혼 생활을 할 수 있는가? 처음엔 온라인에서 만날 수는 있겠지만, 진정한 데이트를 할 수 있겠는가 말이다. 오프라인이 할 수 없는 영역에서는 온라인의 역할이 물론 필요하겠지만, 온라인으로 모든 것을 해결하려는 사고는 교회에 무서운 결과를 초래할 것이다. 무서운 결과 정도가 문제가 아니다. 필자는 이런 생각까지 한다.

"온라인은 인류 최고, 최대, 최후의 바벨탑이다!"

온라인은 오프라인으로 가기 위한 통로나 도구가 되어야 할 뿐이다. 필자가 영상과 온라인에 대해 무지해서 이런 이야기를 하는 것이 아니다. 넘치는교회는 어느 교회 못지않게 예배와 사역 홍보를 위한 영상을 정성껏 만들고 있다고 자부한다.

온라인을 포함한 지금의 IT는 '종말에 대한 시금석'이라고 생각한다. 예수님은 "그날은 오직 아버지만 아신다"라고 하셨다. 그저 "너희는 깨어 있으라"고 하셨다. 예수님이 오시는 때는 하나님만 아시지만, 종말이 가까워지는 조짐에 대해서는 늘 경각심을 가지고 주의해야 한다는 말씀일 것이다. 그 조짐의 요소들은 여러 가지다. 기후변화, 바이러스의 변이, 핵의 확산, 인간 복제 기술의 발달, 환경 파괴, IT의 발전 등이다. 그 중에서도 IT의 발전은 종말이 우리에게 얼마나 가까이 와 있는지를 가장 확실하게 보여주는 시금석이다.

요즘 모든 이의 화두는 '인공지능 AI'다. 날마다, 아니 매 순간마다 데이터가 쌓이고 발전하는 AI의 미래가 어떻게 될지 예측할 수 있는 사람이 과연 있는가? 세계적인 빅테크 기업, 즉 AI 기술을 개발하는 회사들의 CEO들도 저마다 다른 의견을 가지고 있다. 그들의 절반 정도는 인공지능이 인류의 삶에 엄청난 도움을 줄 것이라고 말한다. 놀랍게도 나머지 절반은 인공지능으로 인해 인류가 멸망할 것이라고 말한다. 그들 가운데 테슬라의 일론 머스크는 인공지능으로 인류가 멸망할 것이라고 주장하는 쪽이다. 그가 인간의 뇌에 칩을 심어 뇌와 컴퓨터를 연결하는 연구를 오래전부터 해왔다는 소식을 들었다. 치매를 예방하는 일에 사용하거나, 컴퓨터와 두뇌를 연결하는 작업이라고 한다. 그가 왜 그런 작업을 할까? 그에 따르면, 인류는 인공지능으로 반드시 멸망할 것이기에, 인간의 뇌에 칩을 심어서라도 인공지능에 대항하고 생존할 수 있는 능력을 높여야 하기 때문이라고 한다. 신학적인 접근이 아니다. 과학적 접근이라 더 놀랍다. 세상은 그런 사람들이 그러고 있을 만큼, 전혀 알 수 없는 미래를 향해 미친 듯 질주하고 있다. 세상은 이렇게 급변하고 있다. 정신없이 돌아가고 수시로 변한다. 시대가 이런데, 우리가 넋 놓고 살 수 있는가? 이것이 사탄의 공격이라면 어떻게 하겠는가? 세상 사람이 다 없어져도 나만 살면 된다고 생각할 수 있는가? 다른 교회는 다 없어져도, 우리 교회만 부흥하고 살아남을 수 있으면 된다고 생각할 수 있겠는가 말이다. 그런 생각은 정말 하지 말아야 한다. 사라져야 할 잘못된 생각이고, 모두를 아프게 할 나쁜 생각이다.

이렇게 미친 속도로 변하고 있는 세상에서, 교회는 어떤 모습으로 비쳐지고 있을까? 지금 세상 사람들은 교회에 뭔가 있을 거라는 기대는 하지 않는다. 어떤 교인은 직장에서 교회 다닌다고 말하자 동료들이 마치 벌레 피하듯 자기를 피하는 경험을 했다. 목사들이 이런 걸 경험해 보았는가? 목사는 불신자들의 눈에 교회가 어떻게 보이는지 알기 어렵다. 심지어 목사를 지칭하는 세상의 불온한 말은 차마 글로 옮길 수 없다. 아니, 옮기기도 싫다. 그야말로 땅에 버려져 밟히는 소금이 된 것 같기 때문이다.

> 너희는 세상의 소금이니 소금이 만일 그 맛을 잃으면 무엇으로 짜게 하리요 후에는 아무 쓸 데 없어 다만 밖에 버려져 사람에게 밟힐 뿐이니라 _마 5:13

이렇게 된 배경에는 교회가 한 몸이라는 의식을 잊어버린 잘못이 있다. 죽어가는 교회들을 내 몸처럼 여기지 않고 무시했기 때문이다.

이제 모든 교회는 우주적 교회로서 하나라는 생각을 해야 한다. 각각의 교회는 하나인 그리스도의 몸을 이루는 지체이기 때문이다. 지체는 각각 달라도 한 몸이기에, 하나가 되어 그리스도의 몸을 지켜야 한다.

　이 시대의 하만이라는 악의 세력은 그리스도의 몸인 교회들을 하나둘씩 죽이려는 계략을 세웠다. 그 시작은 작은 교회들을 어렵게 한 것이다. 성도들이 교회 공동체에서 사라지게 하는 것도 그 계략 중 하나이다. 성도들이 사라지면 당연히 한국교회도 사라질 것이기 때문이다. 성도가 영적으로 병들게 만들기도 한다. 그러면 한국교회는 아플 수밖에 없다. 다음세대가 사라지게 만드는 것도 계략 중 하나다. 한국교회의 미래가 사라질 것이기 때문이다. 다음세대가 아프게 되는 것도 마찬가지 결과를 낳는다. 미래의 한국교회가 아플 것이다. 우리는 그런 계략들에 맞서기 위해 하나가 되어야 한다. 그래야 방어할 수 있다. 방어하고 맞설 뿐 아니라, 오히려 먼저 공격하여 승리해야 한다. 그러려면 누가 먼저 나서야 하겠는가? 조금이라도 큰 교회, 앞장설 수 있는 목사님들이 에스더가 되어야 하지 않겠는가. 그래야 한국교회가 하나가 되는 일이 시작될 수 있다. 사탄의 궤계도 더 빨리 무너뜨릴 수 있다. 그러므로 우리는 이렇게 기도해야 한다.

　"하나님, 이 땅의 모든 교회들이 하나가 되어 사탄의 궤계를 깨뜨리게 하소서. 성도들을 지키고, 다음세대를 지키게 하소서!"

13장

모르드개가 왕의
기억으로 높임을 받다

 하나님은 창조의 능력으로 이 땅을 섭리하고 계신다. 하나님께서 이 땅의 그리스도의 몸인 교회에 지대한 관심을 가지고 계시는 건 당연하다. 그들의 사정을 하나하나 다 아시는 건 말할 것도 없다. 우리는 지하에 있는 교회의 녹슨 간판 앞을 무심코 지나가도, 하나님은 그 지하에서 당신의 종이 울부짖는 기도 소리를 외면하지 않으신다. 큰 교회의 성가대가 파이프 오르간에 맞춰 부르는 합창도 들으시지만, 곰팡이 냄새 나는 지하에서 10명도 안 되는 할아버지와 할머니가 부르는 찬송 소리도 기쁘게 들으신다.

 그런데도 우리는 교회를 세상의 시각으로 볼 때가 있다.

우리가 눈에 보이지 않는 하나님 나라의 사역을 하고 있지만, 눈에 보이는 세상에서 살아가고 있기 때문이다. 그러니 세상의 눈으로 교회를 보는 건 어쩌면 자연스러운 일일 수 있다. 그래도 우리는 하나님의 시각으로 교회를 볼 필요가 있다. 성경이 우리에게 세상에 물들지 않고, 깨어 있으라고 말하기 때문이다.

> 너희는 이 세대를 본받지 말고 오직 마음을 새롭게 함으로 변화를 받아 하나님의 선하시고 기뻐하시고 온전하신 뜻이 무엇인지 분별하도록 하라 _롬 12:2

요즘 세상은 그 어느 때보다 '돈'을 최고의 가치로 삼고 있다. 이 가치관이 모두에게 보편화되었다. 모든 사람이 돈을 향해 달려간다. 횡령 같은 범죄를 저질러서라도 돈을 가지려 한다. 금융기관에서 옛날보다 더 많은 사고가 일어나는 것이 이런 세태를 반영한다.

어떤 연예인은 '돈 자랑'하는 맛에 사는 것 같다. 연예인이 수백억짜리 집을 산 것이 뉴스가 되고, 수천만 원이나 하는 가방을 들고 다니는 걸 SNS에 자랑한다. 예전에는 위화감을 조성한다는 이유로 연예인도 그런 건 밝히지 않았다. 하지만 요즘엔 누구라도 자기의 부를 자랑하려 한다. 몇천만 원 하는 시계는 흔한 것 같다. 자랑하다 못해 수백만 원짜리 강아지 가방까지 자랑한다. 티셔츠 한 벌이 수십만 원인 것이 평범해 보일 지경이다. 아이들에게조차 한 벌에 2백만 원이나 하는 브랜드 패딩이 겨울 교복이 되어 버렸다. 모두 돈을 향해 미친 듯 달려가고 있는 것이다.

세태가 이렇게 된 데는 세상의 가치관을 올바르게 선도해야 할 교회의 책임도 있을 것이다. 교회는 한동안 성장이라는 병에서 빠져나오지 못했다. '대형 교회는 성공한 목회'라는 등식이 완전히 성립되었다. 조금만 큰 교회의 담임목사면 최고급 차를 타고 다닌다. 기독교계에서는 유명인 못지않은 스포트라이트를 받는다. 그러면 작은 교회 목사님들은 목회에서 실패자요 자랑할 것이 없는 분들일까? 하나님도 그렇게 보실까?

이런 이야기를 들었다.

'큰 교회 목사님들은 장로님들과 싸우느라고 기도할 시간이 없다.'

웃기고도 슬프지만, 어느 정도 설득력 있는 현실의 이야기인 것 같다. 실제로 큰 교회에는 얼마나 많은 일이 일어나고 있는가? 어떤 일을 추진할 때는 갈등이 많을 것이다. 그걸 조정하기 위해 오래 회의하는 건 당연하다. 그러니 다른 교회들을 돌아볼 겨를이 없고, 그럴 필요도 느낄 수 없다.

한번은 우리 교회 부교역자의 모친과 통화를 했다. 오랜 세월 작은 교회를 섬기며, 힘은 들었겠지만 열심히 기도하며 목회해 오신 목사님이시다. 통화를 마치기 전에 이런 부탁을 했다.

"목사님, 제가 지금 이 힘든 시간을 이겨낼 수 있도록, 저를 위해서도 기도 부탁드려요."

그러자 그 목사님은 기다렸다는 듯 이런 말씀을 하셨다.

"목사님, 걱정하지 말아요, 제가 매일 기도하고 있어요!"

그러시며, 나에 대해 하나님께 받으셨다는 감동을 들려주셨다. 얼마나 위로가 되었는지 모른다. 나는 너무나 감사하다는 인사를 거듭 드리면서, 자연스레 이런 생각을 하게 되었다.

'아, 작은 교회의 목사님들이 큰 교회 목사님들보다, 한국 교회를 위해 정말로 더 많이 기도하시겠구나…'

작은 교회 목사들의 형편과 마음이 새삼스레 와닿았다. 교회가 작으니 심방도 많지 않을 것이다. 업무도 회의도 없을 것이다. 그러니 남는 시간에 성경 보고 기도할 수밖에 없을 것이다. 그러니 매일 나를 위해 기도하신다는 그 여목사님의 말씀이 빈말이 아닌 게 분명했다.

하나님 나라는 영적인 세계다. 영적 세계에서의 승리는 이 땅의 현실 세계에서 승리로 나타나는 것이다. 결국 영적 세계에서 승리하는 방법은 오직 기도밖에 없다.

> 예수께서 무리가 달려와 모이는 것을 보시고 그 더러운 귀신을 꾸짖어 이르시되 말 못하고 못 듣는 귀신아 내가 네게 명하노니 그 아이에게서 나오고 다시 들어가지 말라 하시매 귀신이 소리 지르며 아이로 심히 경련을 일으키게 하고 나가니 그 아이가 죽은 것 같이 되어 많은 사람이 말하기를 죽었다 하나 예수께서 그 손을 잡아 일으키시니 이에 일어서니라 집에 들어가시매 제자들이 조용히 묻자오되 우리는 어찌하여 능히 그 귀신을 쫓아내지 못하였나이까 이르시되 기도 외에 다른 것으로는 이런 종류가 나갈 수 없느니라 하시니라 _막 9:25-29

지금까지의 한국교회 부흥은 골방에서 기도하는 그리스도인들 덕이다. 성도든 목회자든, 열심히 기도하신 분들로 말미암아 초유의 부흥을 이룬 것이다. '많은 목사들과 성도들의 기도가 있었기에 한국교회가 지금의 모습이라도 유지하고 있는 것이 아닌가' 하는 생각을 떨쳐버릴 수 없다. 더구나 더 어려운 위기 가운데 있는 오늘날의 한국교회는 과거보다 더 많은 기도가 필요하지 않을까?

그 날 밤에 왕이 잠이 오지 아니하므로 명령하여 역대 일기를 가져다가 자기 앞에서 읽히더니 그 속에 기록하기를 문을 지키던 왕의 두 내시 빅다나와 데레스가 아하수에로 왕을 암살하려는 음모를 모르드개가 고발하였다 하였는지라 왕이 이르되 이 일에 대하여 무슨 존귀와 관작을 모르드개에게 베풀었느냐 하니 측근 신하들이 대답하되 아무것도 베풀지 아니하였나이다 하니라 왕이 이르되 누가 뜰에 있느냐 하매 마침 하만이 자기가 세운 나무에 모르드개 달기를 왕께 구하고자 하여 왕궁 바깥뜰에 이른지라 측근 신하들이 아뢰되 하만이 뜰에 섰나이다 하니 왕이 이르되 들어오게 하라 하니 하만이 들어오거늘 왕이 묻되 왕이 존귀하게 하기를 원하는 사람에게 어떻게 하여야 하겠느냐 하만이 심중에 이르되 왕이 존귀하게 하기를 원하시는 자는 나 외에 누구리요 하고 왕께 아뢰되 왕께서 사람을 존귀하게 하시려면 왕께서 입으시는 왕복과 왕께서 타시는 말과 머리에 쓰시는 왕관을 가져다가 그 왕복과 말을 왕의 신하 중 가장 존귀한 자의 손에 맡겨서 왕이 존귀하게 하시기를 원하시는 사람에게 옷을 입히고 말을 태워서 성 중 거리로 다니며 그 앞에서 반포하여 이르기를 왕이 존귀하게 하기를 원하시는 사람에게는 이같이 할 것이라 하게 하소서 하니라 이에 왕이 하만에게 이르되 너는 네 말대로 속히 왕복과 말을 가져다가 대궐 문에 앉은 유다 사람 모르드개에게 행하되 무릇 네가 말한 것에서 조금도

> 빠짐이 없이 하라 하만이 왕복과 말을 가져다가 모르드개에게 옷을 입히고 말을 태워 성 중 거리로 다니며 그 앞에서 반포하되 왕이 존귀하게 하시기를 원하시는 사람에게는 이같이 할 것이라 하니라 _에 6:1-11

이제 모르드개를 죽이려는 하만의 계략이 성취되기 일보 직전이다. 하만은 자신을 무시하는 모르드개를 매달려고 나무를 세워 놓았다. 하지만 그의 계략은 마치 자기 꾀에 넘어간 것처럼 박살나기 일보직전이기도 했다. 그날 밤, 하필 왕이 지난 일을 기억하게 된 것이다. 그리하여 다음날엔 오히려 하만이 아닌 모르드개가 존귀한 대접을 받게 되었다.

모르드개가 귀한 대접을 받은 것처럼, 이 땅의 작은 교회 목사들도 그런 대접을 받을 자격이 있다. 세상의 눈으로 보면 능력 없는 목사로 보일 수 있지만, 한국교회를 위해 남몰래 기도해오신 것만으로도 존중받기에 충분하다. 주님이 주신 몇 분의 성도들, 주님의 몸인 작은 교회를 최선을 다해 지켜오셨기 때문이다. 큰 교회 목사들도 물론 존중받아 마땅하지만, 그 분들은 이미 이 땅에서 다 받으신 것 같다. 이제는 골방에서 기도의 끈을 놓지 않은 작은 교회 목사들이 칭찬과 높임을 받을 차례. 하나님은 다 알고 계시고, 하늘에 많은 상급을 이미 쌓아두셨다. 그렇다면 세상에서는 무엇이 필요할까? 그들에 대한 우리들의 격려다.

사람은 두 가지가 좋을 때 행복할 수 있다고 한다. 우선 하나님과의 관계가 좋아야 행복하다. 나아가 사람과의 관계 또한 좋아야 행복하다. 사람과의 관계에서 행복을 느끼려면 격려와 칭찬이 있어야 한다. 소수의 성도들과 함께 오랫동안 기도의 끈을 놓지 않고서 그 자리를 지켜온 이 땅의 작은 교회 목사들에게 우리의 격려가 필요한 이유다. "힘들지만 포기하지 마시고, 계속해서 한국교회를 위해 기도해 주십시오"라고 부탁하기 위해서다.

나의 멘토 목사께서 이런 말을 해주셨다. 미국에는 한국 사람이 배워야 할 것이 있는데, 제복 입은 사람을 존귀하게 여기는 것이다. 법을 지키게 하고 국가를 수호하는 분들에 대해 존경심을 가지는 것이다. 미국 항공사는 제복 차림의 군인이 비행기를 탈 경우엔 먼저 탑승할 수 있도록 배려한다고 한다. 그러고 보니 미국 공항에서 항상 군인들이 먼저 타는 걸 본 적이 있다. 퇴역 군인은 군인으로 복무했음을 자랑스레 여기며, 자기 차에 '베테랑'(veteran)이 인쇄된 스티커를 붙이고 다니는 걸 흔히 볼 수 있다. 사망한 군인들의 묘지는 어느 지역이든 가장 아름다운 곳에 자리잡고 있다고 한다. 미국에는 나라를 위해 수고한 사람을 존중하는 문화가 있는 것이다. 사람과 세상을 보는 가치관이 다른 것이다.

이제는 우리도 세상의 눈으로 교회를 보는 습관을 중단해야 한다. 자기가 다니는 교회, 아니 한국교회 전체를 하나님의 눈으로, 즉 하나님 나라의 가치관으로 보면서 존중해야 한다. 작은 교회들을 보는 시선도 그랬으면 좋겠다. 정말 존중하는 마음으로 보자는 것이다. 그런 교회들의 목사들이 더 이상 교회 문을 닫지 않도록, 실제로 도움이 될 수 있는 행동을 한국교회 차원에서 시급히 해야 할 때라고 믿는다.

"하나님, 인정받지 못하고 존중받지 못해서 자신감이 없었던, 이름을 숨기고 사라져가는 이 땅의 작은 교회 목사님들과 성도님들을 축복하소서! 그들에게 힘을 주소서! 비록 좋은 교회 환경에서 신앙생활을 하지 못해도, 그들의 존재가 지금의 한국교회에 얼마나 필요한지 깨닫고 힘을 내게 하소서! 또한 큰 교회의 목사님들과 성도들이 내 교회만의 '좋음'에 더 이상 만족하지 말고 이웃의 작은 교회들을 돌아보게 하소서. 존경의 마음을 가지고 그들을 대하고 행하게 하소서."

14장

에스더의 폭로로
하만이 몰락하다

한 지인 선교사에게서 슬픈 이야기를 들었다. 오래전에 자신에게 선교의 비전을 처음으로 주신 목사님이신데, 50대 중반의 나이에 천국으로 가셨다는 것이다. 교회가 너무 어려워 새벽에는 우유 배달과 신문 배달을 하고, 낮에는 용달 자동차를 가지고 과일 장사를 하며 목회하던 분이었다고 한다. 그러다 육체적으로 무리가 되었는지 간이 너무 나빠졌다고 한다. 힘든 상황을 이겨내려 금식기도를 하겠다고 기도원에 갔다가, 출혈로 급히 병원에 입원하셨다. 의사가 하는 말이 "지금 상태로는 간 이식 수술을 받아야만 살 수 있다"라고 하는데, 1억 원 가까이 되는 비용을 감당할 수 없는 처지였다. 그 목사님이 기도하던 중에 받은 하나님의 감동이 있었는데, 이런 내용이었다고 한다.

"이 땅에서 더 사역하려느냐? 아니면 내게로 오겠느냐?"

이 땅에서의 삶이 너무 힘들고 어려운 사역의 연속이었기에 그냥 주님께 가겠다는 마음을 품게 되었고, 곧 천국에 가셨다는 사연이었다. 최근에 어느 목사님께 들은 사연도 비슷하다. 친구 목사가 60세가 되었는데, 아직도 상가 교회의 구석에서 살고 있고 겨울에는 난방도 하지 못하는 형편이라고 한다. 이런 이야기가 진짜냐 거짓이냐, 이런 의심은 이제 하지 말자! 인간적으로 생각해도 이해되고 동의되는, 정말 우리 시대 힘든 목회자들의 이야기가 아닌가?

그런 분들이 왜 그리스도의 몸인 교회의 문을 닫겠는가? 목회자의 사명으로 생각해보면, 성도가 겨우 한 명이라고 문을 닫겠는가? 아니다. 솔직히 말해서 재정만 있다면, 성도가 없어도 교회 문은 절대 닫지 않는다. 월세를 감당하기 어렵고, 먹고 살기 힘들기에 결국 교회 문을 닫는 것이 아니겠는가?

작은 교회 목사들은 밤새 대리운전을 해서라도 월세와 생활비를 마련해야 한다. 그래서 몹시 피곤해도 다른 목사들과 똑같이 성경을 연구하고 설교해야 한다. 그런 목사들에게 무슨 힘이 더 있겠는가? 지금은 버티고 또 버티는 것이 그들의 최선이다.

    나의 후배 목사가 직접 체험하고 전해준 이야기다. 그가 아는 어떤 목사가 코로나가 한창일 때는 집에서 예배를 드렸는데, 이제는 주중에 돈가스를 파는 푸드 트럭을 몰고 다닌다고 한다. 그가 내 후배 목사의 아이들에게 주라고 돈가스를 가져왔다고 한다. 돈가스를 받은 후배 목사는 마음이 먹먹했고 눈물이 나기까지 했다. 틈나는 대로 그를 위해 기도하며 어떻게 도울 수 있을지 고민했다고 한다. 교만해 보이지 않고도 겸손히 섬길 수 있는 방법을 찾았던 것이다. 결국 돈가스를 팔아주려고 계좌번호를 물었다고 한다. 하지만 "주의 종의 가정에는 판매하지 않고 그냥 섬기겠다"라는 답을 받았다. 그 답을 들은 후배 목사는 마음이 더 아팠다고 한다. 이런 상황에 있는 목사들이 너무나 많다.

    이제는 선심 쓰는 정도로는 안 된다. 큰 교회 예산의 극히 일부가 아닌 상당 부분이 작은 교회를 살리는 일에 쓰여야 한다. 그러자면 에스더와 같은 교회들과 목사들의 결단이 필요하다. 에스더 같이 '죽으면 죽으리이다' 하는 결단이 작은 교회들을 살리고, 결국에는 한국교회를 살릴 수 있을 것이다.

작은 교회의 한 달 생존 비용이 큰 교회의 부서 하나의 예산보다 훨씬 적은 것이 지금의 현실 아닌가? 이런 상황에서도 '우리는 재정이 넉넉하니 염려할 것이 없다. 예산 범위 내에서 몇몇 교회를 돕고 선한 사역도 하면 그만 아닌가? 새로운 성전도 지어가며 교회를 확장해 보자'라는 생각만 하고 있다면, 예수님이 말씀하신 어리석은 부자와 뭐가 다른가?

> 또 비유로 그들에게 말하여 이르시되 한 부자가 그 밭에 소출이 풍성하매 심중에 생각하여 이르되 내가 곡식 쌓아 둘 곳이 없으니 어찌할까 하고 또 이르되 내가 이렇게 하리라 내 곳간을 헐고 더 크게 짓고 내 모든 곡식과 물건을 거기 쌓아 두리라 또 내가 내 영혼에게 이르되 영혼아 여러 해 쓸 물건을 많이 쌓아 두었으니 평안히 쉬고 먹고 마시고 즐거워하자 하리라 하되 하나님은 이르시되 어리석은 자여 오늘 밤에 네 영혼을 도로 찾으리니 그러면 네 준비한 것이 누구의 것이 되겠느냐 하셨으니 자기를 위하여 재물을 쌓아 두고 하나님께 대하여 부요하지 못한 자가 이와 같으니라
> _눅 12:16-21

유다인들과 모르드개를 죽이려는 하만의 치밀한 계획은 에스더의 '죽으면 죽으리이다' 하는 각오와 행동으로 끝장이 난다. 마찬가지로, 지금의 한국교회의 위기는 큰 교회 목사들의 결단으로 타개될 것이라고 나는 믿는다. 에스더가 처음

엔 모르드개와 유다인이 처한 현실을 듣고도 결단하지 못했지만, 모르드개의 강력한 권면으로 결국 '죽으면 죽으리이다' 하는 결심을 하고 행동으로 옮김으로써 유다인들이 살아날 수 있었던 것과 같다.

> 왕후 에스더가 대답하여 이르되 왕이여 내가 만일 왕의 목전에서 은혜를 입었으며 왕이 좋게 여기시면 내 소청대로 내 생명을 내게 주시고 내 요구대로 내 민족을 내게 주소서 나와 내 민족이 팔려서 죽임과 도륙함과 진멸함을 당하게 되었나이다 만일 우리가 노비로 팔렸더라면 내가 잠잠하였으리이다 그래도 대적이 왕의 손해를 보충하지 못하였으리이다 하니 아하수에로 왕이 왕후 에스더에게 말하여 이르되 감히 이런 일을 심중에 품은 자가 누구며 그가 어디 있느냐 하니 에스더가 이르되 대적과 원수는 이 악한 하만이니이다 하니 하만이 왕과 왕후 앞에서 두려워하거늘 왕이 노하여 일어나서 잔치 자리를 떠나 왕궁 후원으로 들어가니라 하만이 일어서서 왕후 에스더에게 생명을 구하니 이는 왕이 자기에게 벌을 내리기로 결심한 줄 앎이더라 왕이 후원으로부터 잔치 자리에 돌아오니 하만이 에스더가 앉은 걸상 위에 엎드렸거늘 왕이 이르되 저가 궁중 내 앞에서 왕후를 강간까지 하고자 하는가 하니 이 말이 왕의 입에서 나오매 무리가 하만의 얼굴을 싸더라 왕을 모신 내시 중에 하르보나가 왕에게 아뢰되 왕을 위하여 충성된 말로 고발한 모르드개를 달고자 하여 하만이 높이가 오십 규빗 되는 나무를 준비하였는데 이제 그 나무가 하만의 집에 섰나이다 왕이 이르되 하만을 그 나무에 달라 하매 모르드개를 매달려고 한 나무

에 하만을 다니 왕의 노가 그치니라 _에 7:3-10

중대형 교회들이 오늘부터라도 주변에 있는 작은 교회를 돕는다면 어떤 일이 일어나겠는가? 문은 닫지 말고, 이 어려운 시기를 함께 이겨내자고 격려한다면 어떤 일이 일어나겠는가? "우리의 목회도 다 하나님의 은혜이니, 월세의 작은 부분이라도 우리가 매달 돕겠습니다. 이제 이중직으로 돈을 버는 일을 조금만 줄이시고, 용기를 내서 예전 같은 목회 사명, 구령의 열정을 살려내십시오"라고 권면한다면, 작은 교회 목사들이 왜 힘을 내지 않겠는가? 그렇게 해서 무너져가는 한국교회의 생태계가 건강하게 살아날 수 있다면, 모르드개처럼 기도만 할 수밖에 없던 목사들이 다시 힘을 내리라고 나는 믿는다.

이 책을 쓰면서, 필자는 가톨릭교회의 재정 운영 방식이 참으로 부러웠다. 최소한 문을 닫는 성당은 없어 보인다. 하지만 가톨릭과 비슷하게 조직이 움직이는 성공회를 제외하면, 대개의 개신교 교회들은 구조적으로 각자도생을 할 수밖에 없다. 이것이 한국의 작은 교회들을 어렵게 하는 사실상의 구조적 문제다. 그래서 중대형 교회들이 나서야 한다고 생각하게 된 것이다. 가톨릭에서 중앙 조직이 움직이는 것처럼 말이다.

다음 이야기는 신학적으로 개신교로 분류되는 성공회에서 실제로 있었던 사례라고 한다. 어느 신부에게 뇌경색이 왔다. 한동안 기억상실증처럼 보이는 언어장애가 나타났다. 목회는커녕 일상생활도 제대로 할 수 없을 것 같았다. 만일 보통 목사에게 그런 일이 생겼다면 정말 큰 일이다. 하지만 놀랍게도 그 신부는 현재 지방의 어느 도시에서 정상적으로 목회하고 있다고 한다. 어느 정도 몸과 정신이 회복된 것이 확인되었는지, 그에게 목회를 계속할 기회를 교단이 제공했기 때문이다. 말하자면, 성공회의 큰 교회들이 자기 교단의 작은 교회와 그 목회자를 살린 셈이다.

이제는 모든 개신교 교단들에서도, 작은 교회들을 살리려는 큰 교회들의 결단으로 사탄의 궤계가 무너져 내리는 것을 보고 싶다. 예산을 대폭 줄인다고 해서 큰 교회들이 당장 어렵게 되진 않는다. 하나님 나라를 진심으로 위하는 성도들이 그런 모습을 본다면, 오히려 큰 교회들의 그런 결단에 큰 박수를 보낼 것이다. 그런 모습을 보는 믿지 않는 자들도 속으로는 박수를 칠 것이다. 누구보다, 하나님께서 정말 크게 박수를 치실 것이다.

    나는 이제 모르드개 목사가 되어서 힘이 없다. 그래도 나부터 단 한 곳의 작은 교회라도 도와주려고 한다.

    정말 보고 싶다.

    '모르드개 목사와 에스더 목사의 어깨동무를!'

15장
새로운 조서로
유다인의 살길이 열리다

이 책을 쓸 때 글쓰기에 적당한 카페를 찾아보았다. 아무에게도 방해받지 않고 주인 눈치도 덜 볼 수 있는 카페라야 편하게 글을 쓸 수 있을 것 같았기 때문이다. 김포에서 가까운 강화도에서 그럴 만한 카페를 발견하였다.

카페에 들어가니 미술작품이 전시돼 있었다. '최석돈'이라는 화가가 개인전을 열고 있었는데, 공식 일정이 끝난 후에도 계속 전시하고 있었다. 일반 카페에서는 그런 걸 볼 수 없는데, 내가 보기에도 나름 관심이 가는 작품이 많았다. 글을 써야 한다는 생각도 잠시 잊고서 그의 작품들을 감상했다. 작품 옆에 작가가 직접 써 붙인 설명도 유심히 읽어보았다. 그 내용이 상당히 흥미로웠는데, 이런 문장이 있었다.

"삶의 허무를 복음으로 해결했고, 그래도 남아 있는 우울은 친구처럼 대하고 산다."

참 멋진 말이 아닌가? 나의 관심을 더 끈 건 작가의 프로필이었다. 마침 내가 작은 교회 살리기에 관한 책을 쓰려는 때여서 가슴에 와닿는 내용이었다.

"버려진 쓰레기에서 아직 미세하게 남아 있는 생명력을 발견하는 것이 이 작가에게는 가장 큰 재미이다. 그래서 작품으로 살려내려는 시도를 지속하고 있다. 작가의 미술 세계에서 찾을 수 있는 맥락은 결국 생명이다."

나는 이 글을 보면서, 버려지는 듯한, 문을 닫고 없어지는 작은 교회들을 생각하게 되었다. 그런 교회들을 살릴 수 있는 방법이 무엇일까? 쓰레기에서도 살릴 수 있는 생명력을 보고 그림을 그린 그 작가처럼, 누군가 에스더처럼 '죽으면 죽으리이다' 하며 나서야 살길이 생기지 않을까 하는 생각을 했다.

> 에스더가 다시 왕 앞에서 말씀하며 왕의 발 아래 엎드려 아각 사람 하만이 유다인을 해하려 한 악한 꾀를 제거하기를 울며 구하니 왕이 에스더를 향하여 금 규를 내미는지라 에스더가 일어나 왕 앞에 서서 이르되 왕이 만일 즐거워하시며 내가 왕의 목전에 은혜를

입었고 또 왕이 이 일을 좋게 여기시며 나를 좋게 보실진대 조서를 내리사 아각 사람 함므다다의 아들 하만이 왕의 각 지방에 있는 유다인을 진멸하려고 꾀하고 쓴 조서를 철회하소서 내가 어찌 내 민족이 화 당함을 차마 보며 내 친척의 멸망함을 차마 보리이까 하니 아하수에로 왕이 왕후 에스더와 유다인 모르드개에게 이르되 하만이 유다인을 살해하려 하므로 나무에 매달렸고 내가 그 집을 에스더에게 주었으니 너희는 왕의 명의로 유다인에게 조서를 뜻대로 쓰고 왕의 반지로 인을 칠지어다 왕의 이름을 쓰고 왕의 반지로 인친 조서는 누구든지 철회할 수 없음이니라 하니라 그 때 시완월 곧 삼월 이십삼일에 왕의 서기관이 소집되고 모르드개가 시키는 대로 조서를 써서 인도로부터 구스까지의 백이십칠 지방 유다인과 대신과 지방관과 관원에게 전할새 각 지방의 문자와 각 민족의 언어와 유다인의 문자와 언어로 쓰되 아하수에로 왕의 명의로 쓰고 왕의 반지로 인을 치고 그 조서를 역졸들에게 부쳐 전하게 하니 그들은 왕궁에서 길러서 왕의 일에 쓰는 준마를 타는 자들이라 조서에는 왕이 여러 고을에 있는 유다인에게 허락하여 그들이 함께 모여 스스로 생명을 보호하여 각 지방의 백성 중 세력을 가지고 그들을 치려하는 자들과 그들의 처자를 죽이고 도륙하고 진멸하고 그 재산을 탈취하게 하되 아하수에로 왕의 각 지방에서 아달월 곧 십이월 십삼일 하루 동안에 하게 하였고 이 조서 초본을 각 지방에 전하고 각 민족에게 반포하고 유다인들에게 준비하였다가 그 날에 대적에게 원수를 갚게 한지라 _에 8:3-13

에스더의 호소로 아하수에로 왕이 새로운 조서를 반포한다. 이로 말미암아 유다인은 살 길이 열린다.

> 왕의 어명이 매우 급하매 역졸이 왕의 일에 쓰는 준마를 타고 빨리 나가고 그 조서가 도성 수산에도 반포되니라 모르드개가 푸르고 흰 조복을 입고 큰 금관을 쓰고 자색 가는 베 겉옷을 입고 왕 앞에서 나오니 수산 성이 즐거이 부르며 기뻐하고 유다인에게는 영광과 즐거움과 기쁨과 존귀함이 있는지라 왕의 어명이 이르는 각 지방, 각 읍에서 유다인들이 즐기고 기뻐하여 잔치를 베풀고 그 날을 명절로 삼으니 본토 백성이 유다인을 두려워하여 유다인 되는 자가 많더라 _에 8:14-17

누가 이 책을 보고, 에스더처럼 작은 교회를 살리는 운동을 어떤 식으로 하게 될지 나는 모르겠다. 에스더의 헌신을 통해 왕의 새로운 조서가 반포되게 한 일처럼 말이다. 그래서 어쩌면, 우리가 아닌 하나님께서 하실 일이라고 믿는다.

우리가 꿈으로만, 마음으로만 바라는 일이 에스더가 했던 일처럼 실현될 것이다. 꺼져가는 초의 불씨가 다시 피어나듯, 희미해져 가는 '주님의 작은 몸들'에서 복음의 생명이 다시 살아나 활화산처럼 타오를 것이다. 죽음의 위기에서 살길이 열린 유다인처럼, 어려운 상황에서도 그리스도의 몸을 지켜온 작은 교회 목사들의 수고와 노력이 인정받을 것이다. 위로와 격려를 받을 것이다. 살길이 열릴 것이다. 이제는 교회 문을 닫지 않아도 되고, 밤새 일을 해서 졸린 눈으로 성경을 보지 않아도 된다. 더 많은 시간을 말씀 연구에 쏟을 수 있다. 이를 통해 이 땅의 교회들이 건강해지고, 교회가 교회다움을 회복하는 일이 이뤄질 것이다. 그렇게 되기 위해, 그동안 하나님의 은혜로 큰 교회를 섬기게 되고, 많은 성도들을 목양하는 영적 무게를 이겨낸 대형 교회 목사들의 '죽으면 죽으리이다'라는 결단과 행동이 있을 것이다. 그 결단과 행동은 반드시 하나님께 칭찬받을 것이다.

누구나 지금이 말세라고 말한다. 초대교회 때도 말세라고 하였다. 그래서 '말세 중의 말세'라 하여, 우리는 '말세지말'이라는 표현을 쓰기도 한다. 우리뿐 아니라 믿지 않는 세상 사람도 이 지구가 영원할 수 없다는 것은 다 인정한다. 언제일지 모르지만, 반드시 끝이 있다고 생각한다. 사실 이건 정확한 성경의 세계관이다. 세상에는 창조라는 시작이 있고, 끝이 있기 때문이다.

마지막이 가까워질수록, 교회의 영적 환경은 초대교회 때처럼 되어갈 것이다. 압박과 핍박을 넘어, 어쩌면 더 아픈 현실이 닥칠 수도 있다. 어둠은 더 짙어질 것이다. 해가 뜨기 바로 직전이 가장 어두운 새벽인 것처럼 말이다. 그래야 주님이 오셔서 해결하시지 않겠는가? 이런 때에 교회가 유람선처럼 희희낙락하기만 해서야 되겠는가? 전투함이 되어야 한다.

넘치는교회의 멘토이신 이승종 목사께서 한탄하듯 이런 말씀을 하신 적이 있다.

"코로나 이후, 모든 교회는 유람선이 아니라 전투함으로 바뀌어야 합니다. 자기 배는 큰 유람선이어서 맛난 음식을 주는 식당과 수영장이 있고 멋진 파티도 있으니, 와서 마음껏 즐기라는 식이어선 더 이상 안 됩니다. 하나님 나라를 위해서는 때로 희생도 필요합니다. 태풍이 불 때라고 가정해 봅시다. 큰 배의 주변에 침몰해가는 작은 배가 보이면 돌아보고 구해 주어야 하지 않겠습니까? 그럴 때는 큰 배 같은 교회의 성도들도 즐기려고만 하는 '승객'이어선 안 되지요. 충성과 희생의 정신으로 무장한 '승조원'이 되어야 합니다."

정말 200퍼센트 동의되는 말씀이다.

교회는 사실 처음부터 유람선이 아니었다. 부르심에 걸맞는 교회의 모습은 전투함이다. 이제는 한국교회뿐 아니라, 이 땅의 모든 교회가 유람선으로서의 항해를 끝내고 전투함으로 변신해야 할 때다. 맛난 음식과 편한 잠자리와 좋은 시설이 있는 유람선이 더 이상 아니다. 선장과 셰프의 실력이 좋고, 아이들을 위한 시설까지 좋다고 홍보를 잘하여 승객을 잔

뜩 태운 거대 유람선이어선 안 된다는 말이다.

  전투함은 편한 잠자리를 제공하지 않는다. 주는 밥도 힘을 내고 싸울 수 있게만 하면 된다. 전투함에 탄 사람은 승객이 아니라 승조원이기 때문이다. 승조원에게는 때로 희생이 요구될 수도 있다. 밤에도 잠들지 못할 수 있고 며칠 굶을 수도 있다. 피 흘리는 전투의 현장이기 때문이다. 우리 모두는, 즉 이 땅의 모든 교회는 태생부터 전투함의 승조원이요 군인으로 부름받은 것이다. 주님 오실 날이 가까웠기 때문이다. 그러므로 유람선 놀이는 이제 끝내야 한다. 모든 교회는 전투 준비를 해야 한다. 나팔 소리와 천사장의 호령 소리가 곧 들릴 것이다. 주님이 성큼성큼 걸어오시는 발자국 소리가 귀에 들리지 않는가?

> 그 날 환난 후에 즉시 해가 어두워지며 달이 빛을 내지 아니하며 별들이 하늘에서 떨어지며 하늘의 권능들이 흔들리리라 그 때에 인자의 징조가 하늘에서 보이겠고 그 때에 땅의 모든 족속들이 통곡하며 그들이 인자가 구름을 타고 능력과 큰 영광으로 오는 것을 보리라 그가 큰 나팔소리와 함께 천사들을 보내리니 그들이 그의 택하신 자들을 하늘 이 끝에서 저 끝까지 사방에서 모으리라
> _마 24:29-31

16장
유다인이
역전하여 승리하다

아달월 곧 열두째 달 십삼일은 왕의 어명을 시행하게 된 날이라 유다인의 대적들이 그들을 제거하기를 바랐더니 유다인이 도리어 자기들을 미워하는 자들을 제거하게 된 그 날에 유다인들이 아하수에로 왕의 각 지방, 각 읍에 모여 자기들을 해하고자 한 자를 죽이려 하니 모든 민족이 그들을 두려워하여 능히 막을 자가 없고 각 지방 모든 지방관과 대신들과 총독들과 왕의 사무를 보는 자들이 모르드개를 두려워하므로 다 유다인을 도우니 모르드개가 왕궁에서 존귀하여 점점 창대하매 이 사람 모르드개의 명성이 각 지방에 퍼지더라 유다인이 칼로 그 모든 대적들을 쳐서 도륙하고 진멸하고 자기를 미워하는 자에게 마음대로 행하고 유다인이 또 도성 수산에서 오백 명을 죽이고 진멸하고 또 바산다다와 달본과 아스바다와 보라다와 아달리야와 아리다다와 바마스다와 아리새와 아리대와 왜사다 곧 함므다다의 손자요 유다인의 대적 하만의 열 아들을 죽였으나 그들의 재산에는 손을 대지 아니하였더라 그 날에 도성 수산에서 도륙한 자의 수효를 왕께 아뢰니 왕이 왕후 에스더에게 이르되 유다인이 도성 수산에서 이미 오백 명을 죽이고 멸하고 또 하만의 열 아들을 죽였으니 왕의 다른 지방에서는 어떠하였겠느냐 이제 그대의 소청이 무엇이냐 곧 허락하겠노라 그대의 요구가 무엇이냐 또한 시행하겠노라 하니 에스더가 이르되 왕이 만일 좋게 여기시면 수산에 사는 유다인들이 내일도 오늘 조서대로 행하게 하시고 하만의 열 아들의 시체를 나무에 매달게 하소서 하니 왕이 그대로 행하기를 허락하고 조서를 수산에 내리니 하만의 열 아들의 시체가 매달리니라 아달월 십사일에도 수산에 있는 유다인이 모여 또 삼백 명을 수산에서 도륙하되 그들의 재산에는 손을 대지 아니하였고 16왕의 각 지방에 있는 다른 유다인들이 모여 스스로 생명을 보호하여 대적들에게서 벗어나며 자기들을 미워하는 자 칠만 오천 명을 도륙하되 그들의 재산에는 손을 대지 아니하였더라 _에 9:1-16

하만의 계략은 결국 성취될 수 없었다. 음부의 권세는 교회를 이길 수 없는 것과 같다.

또 내가 네게 이르노니 너는 베드로라 내가 이 반석 위에 내 교회를 세우리니 음부의 권세가 이기지 못하리라 _마 16:18

교회는 결국 승리한다. 이미 승리한 전쟁을 이 땅에서 싸워가는 것일 뿐이다. 마치 승리한 군대가 패잔병을 소탕하는 것처럼, 이 땅에서 하나님 나라의 군인으로서 남은 사명을 감당하는 것이다. 이미 임한 하나님의 나라이지만 아직 완성되지는 않은 하나님 나라를 위해, 각자에게 주신 은사대로, 각각의 교회에 주신 부르심을 이루기 위해, 주님이 오실 길을 예비하며 주님과 동행하는 것이다. 우리 안에 내주하신 성령님의 능력으로, 성경을 보며 말씀대로 살아내는 것이다. 이 싸움의 중심에 교회가 있다.

하지만 교회는 이 땅에서 영원하지 않다. 하나님 나라는 영원하지만, 교회는 영원하지 않기 때문이다. 초대교회 가운데 남아 있는 교회는 하나도 없다. 부르심을 감당하고 사명을 완수하면 사라지기도 하는 것이 교회다. 그럼에도 불구하고, 그리스도의 몸인 교회를 사탄은 이길 수 없다. 분명한 영적 원리다. 그러므로, 비록 영원하지는 못하더라도, 교회는 지켜지고 세워져야 한다. 그런데 세워져 가고 있던 개척교회들이 코로나라는 직격탄을 맞았다. 성도가 줄고, 급기야 월세를 내지 못해 문을 닫는 교회도 생기고 있다. 그건 결코 하나님의 뜻이 아니다. 사명을 다 이루었기에 사라지는 것도 아니다. 우리만 살면 된다는 생각으로 사라지는 교회를 돌아보지 않았기 때문이다. 그래서 그냥 우리의 욕심 때문이고, 세상을 좇는 마음 때문이다.

하나님 나라의 거룩한 사명을 이뤄내야 하는 교회가, 성도가 10명도 안 되어 월세를 못 내 문을 닫는다는 것이 과연 옳을까? 목사의 설교 능력이 좋지 않아서, 목회 비전이 시원치 않아서, 동네에서 인기가 없다는 것이 도움을 받지 못하는 이유일 수 있을까? 능력 없는 것도 그들의 문제이고, 월세를 내든 말든, 대리운전을 하든 말든, 그러다 지쳐서 교회 문을 닫든 말든, 정말 아무 상관없는 일이란 말인가? 반대로, 수천의 성도가 모이는 것은 목사의 능력 때문이고, 그래서 수억의 연봉을 받고, 퇴직금도 수십억 이상 받는 것은 옳은 일인가? 모르드개 목사의 몸부림과 피눈물 나는 기도, 그들과 함께하시는 하나님의 음성이 정녕 들리지 않는다는 말인가?

부모의 후광이든 은혜든 자기 능력이든, 설교를 잘하고 교회에 성도들이 몰려든다고 해서, 정말 많은 이들에게 존중받는 목회를 하고 있다고 해서, 같은 시대 같은 나라에서 함께 목회하는 동역자들의 아픔을 외면할 수 있겠는가? 하나님 나라의 사역을 한다고 하면서, 내 교회, 내 목회만 잘되면 그만이라는 생각이 정말 맞을까? 부자 동네 교회에서는 성도에게 필요하고 해야 할 설교가 아니라 그저 듣기 좋은 설교를 지혜롭게 전하고, 기획력이 뛰어나 홍보를 잘하여 재정도 풍부한 교회가 성경적일까? 우리 교회만 부흥하면, 우리 교회만 괜찮으면 된다는 '개교회주의'는 그리스도의 몸이 공격받고 있는 이 시대에 맞는 생각일 수 없다. 성경적으로도 지지받지 못한다.

도대체 교회가 무엇일까? 왜 하나님은 시끄럽고 탈도 많은 교회를 이 땅에 만드셨을까? 왜 요한계시록은 일곱 교회를 통해 마지막 시대를 살고 있는 우리에게 경고하시는 걸까? 정말 많은 고민이 우리에게 필요하다. 세상에 빠져 있는, 특히 재정의 막강한 힘 앞에 굴복하는 가치관은 하루 빨리 수정되어야 할 것이다. 그리하여 유람선이 아니고 전투함이라는 교회의 본질이 회복되어야 한다. 본질이 회복되어야 교회의 적과 싸워 끝장낼 수 있기 때문이다. 음부의 권세가 이기지 못하는 교회의 본질이 회복되어야 할 이유이다.

필자는 어려서 서울 강동구 암사동에서 살았다. 당시에도 그 동네의 주소는 서울이었지만, 주변은 거의 다 논이었다. 마을 사람들은 봄이면 모내기를 하고, 여름이면 가뭄과 메뚜기떼의 공격을 이겨내야 했다. 늦여름 태풍을 견디고, 가을에

황금 들판을 바라볼 때는 기뻤다. 드디어 추수하는 날이 되면 동네가 잔치하는 것 같았다. 가을 햇살 아래에서 탈곡기의 페달을 발로 밟을 때 피어나는 먼지에 목이 따가워도, 농부는 쌓여가는 알곡을 보고서 기쁨을 이기지 못했다. 잠시 쉬며 새참을 먹을 때 마시는 얼음물은 흐르는 땀뿐 아니라 일년 내내 겪은 고생까지 씻어주는 것이어서 정말 꿀맛 같았다.

이 땅에서 하나님 나라의 한 영역을 담당하는 하나님의 동역자인 교회들이, 상가에 세 들어 있든, 커다란 자기 교회 건물이 있든, 대한민국의 모든 교회들이 하나님께 그런 얼음물 같은 존재가 되면 좋겠다.

> 충성된 사자는 그를 보낸 이에게 마치 추수하는 날에 얼음 냉수 같아서 능히 그 주인의 마음을 시원하게 하느니라 _잠 25:13

모두 어렵고 힘은 들겠지만, 열심히 영혼을 구원하기 위해, 서로 짐을 나눠지고서 어깨동무하는 모습을 정말, 정말 보고 싶다. 우리 모두, 이 땅에서뿐 아니라 천국에서도 칭찬받는 교회들이 되면 더욱, 더욱 좋겠다.

17장

만왕의 왕이
찬양을 받으시다

> 아하수에로 왕이 그의 본토와 바다 섬들로 하여금 조공을 바치게 하였더라 왕의 능력 있는 모든 행적과 모르드개를 높여 존귀하게 한 사적이 메대와 바사 왕들의 일기에 기록되지 아니하였느냐 유다인 모르드개가 아하수에로 왕의 다음이 되고 유다인 중에 크게 존경받고 그의 허다한 형제에게 사랑을 받고 그의 백성의 이익을 도모하며 그의 모든 종족을 안위하였더라 _에 10:1-3

필자는 30년 목회의 거의 전부를 에스더 목사로서 살아왔다. 목회에 어려움과 문제가 없었던 것은 당연히 아니지만, 개척한 후에도 청년 사역의 특성상 재정 때문에 늘 고민하고 염려할 수밖에 없었지만, 그래도 마음은 늘 에스더 목사였던 것 같다. 찬양팀과 함께 전국을 순회하며 예배에 대한 하나님의 마음을 전하고 다니면서도, 지하실의 작은 교회, 상가의 2층에 세든 작은 교회를 볼 때 '그냥 교회구나' 했지, 모르드개 목사의 마음은 전혀 알지 못했던 것이다. 역시 인간은 어쩔 수 없는 것 같다. 영혼을 살리는 사명을 받은 목사라고 하면서 성경을 수없이 읽고, 예수님이 가르치시고 행하신 것들을 성경에서 보고 설교하면서도 말이다.

이 책을 쓰는 내내 작은 교회 목사들에게 죄송스러운 마음을 감출 수 없었다. '어찌 그리도 몰랐을 수 있을까?' 하는 깨달음 때문이었다. 때로는 눈시울이 뜨거워지고, 너무나 미안한 마음을 주체할 수 없는 시간의 연속이었다.

주변에서 어려운 사람들이 보일 때마다 도와주고, 홍수가 나면 수재 의연금을 내고, 아프리카 아이들이 마실 물을 위해 우물 파기 후원금을 내고, 명절에는 불우 이웃 돕기 성금을 내면서도, 어떻게 단 한 번도 같은 목사요 그리스도의 몸을 같이 섬기는 목사들의 아픔은 몰랐을까? 그런 나 자신이 이해되지 않고 용납되지도 않는다.

이런 마음을 성도들과 나눈 7월 28일 주일이 이틀 지난 7월 30일, 천국에 가신 한 작은 교회의 여자 목사님 생각이 난다. 목회하는 지역도 같은 김포이고, 가끔 만나 식사한 적도 있다. 겨울에 난방기가 없다고 하기에 구해 드렸더니, 고맙다며 말린 냉면 사리 몇 봉지를 주셨던 분이다. 장례 후에 들으니, 2-3년 전부터 어려운 목회로 인해 건강이 안 좋아져 2개월 전에 입원했다가, 급기야 소천하신 것이라고 한다. 그 사정을 왜 미처 몰랐을까? 갑자기 천국에 가신 그 목사님께 그냥 죄송스러울 뿐이다. '내가 잘못한 것이 무엇일까?'를 생각했다. 함께 하지 못했고 고통을 나누지 못한 것이 너무 미안했다. 천국 가서 그 분을 뵌다면, 나의 첫마디는 '미안해요, 목사님'일 것이다.

지금도 나는 이 땅의 작은 미자립 교회 목사들께 죄송하다. 죽을 위기에 처한 모르드개의 상황을 알지 못한, 알고서도 처음엔 나서지 못했던 에스더가 내 모습 같아 미안하기 때문이다.

이제 에스더 목사에서 모르드개 목사가 된 지금, 이 글을 쓰면서도 마음이 바쁘다. 주일 설교 준비를 제외하고서 모든 일을 뒤로하고 오직 이 책을 쓰는 도중에도, 문을 닫고 있을 교회가 있다는 생각에 마음이 급해진 것이다.

필자가 에스더 목사에서 모르드개 목사가 되는 과정에서,

이전에는 깊이 깨닫지 못한 깨달음이 또 하나 있었다. '우리가 포기하지 않으면 하나님도 절대 포기하지 않으신다는 것'이다. 어려운 상황에서도 내 마음을 추스르게 해준 고린도전서 10장 13절 말씀 때문에 알게 된 깨달음이다.

> 사람이 감당할 시험 밖에는 너희가 당한 것이 없나니 오직 하나님은 미쁘사 너희가 감당하지 못할 시험 당함을 허락하지 아니하시고 시험 당할 즈음에 또한 피할 길을 내사 너희로 능히 감당하게 하시느니라 _고전 10:13

사도 바울이 이스라엘 조상들의 실수를 설명하며, 고린도교회 교인들을 권면할 때 한 말이다. 그는 이런 말로 우리에게 용기를 전한다.

"사탄의 유혹이 많겠지만, 그래도 우리는 힘을 냅시다. 하나님은 감당할 시험만 주시고, 또 피할 길을 주시기 때문입니다."

이 말씀에서 '피할 길'이라는 말의 의미가 새롭게 다가왔다. 내가 포기해도 하나님께서는 또 다른 길을 열어주실 것이지만, 내가 하나님 나라의 꿈을 포기하지만 않으면 반드시 하나님의 능력으로 피할 길을 주실 것이고, 나로 하여금 사명을 이루게 하신다는 것이다.

우리는 또한 "인간의 끝에서 하나님은 일하신다"라는 말을 알고 있다. 믿음이 있어야 결국 보게 되는 영적 은혜다. 인간은 절대 '엔드라인'(end line)까지 가려고 하지 않는다. 그건 죽을 것 같은 한계이기 때문이다. 어떻게 하든 지금의 고통에서 빨리 벗어나고 싶어 한다. 그런데 하나님은 우리가 그런 엔드라인까지 가기를 원하신다. 그 끝에서 기다리시는 하나님을 우리가 만나기를 원하시기 때문이다. 죽을 것 같은 데드라인(dead line)까지 가야, 비로소 하나님의 은혜를 맛볼 수 있기 때문이다.

7월 5일, 어느 큰 교회 목사님을 만나 도와달라고 한 날이 내게는 엔드라인이었다. 그 분을 만나고서 처량한 마음으로 1시간 동안 울며 기도하던 날이었다. 정말 비참한 마음에 흐느껴 울며 하나님께 기도하던 날이 내게는 데드라인이었던 것이다. 그 선에서 하나님은 나를 기다리고 계셨다. 그리고 다음 날 아침, 기도 시간에 이 책을 써야 한다는 깨달음을 주신 것이다.

필자에게도 모르드개 목사의 상황까지 가지 않고 에스더 목사로서 목회를 계속할 수 있는 기회가 몇 번 있었다. 놓친 기회들을 돌아보며 후회로 잠 못 이루는 밤이 많았다. '그때 내가 왜 그랬을까?' 혹은 '왜 그렇게 하지 않았을까?' 하는 후회를 했다. '그렇게 했더라면, 혹은 그렇게 하지 않았더라면, 과연 성도들이 이렇게 떠났을까? 교회가 이렇게 어려워지지는 않았을 텐데…' 정말 많은 후회를 했다.

가끔 내가 선택할 수 있었던 두 길을 생각해 본다. 모르드개 목사까지는 되지 않고 끝까지 에스더 목사로서 살아갈 수 있는 길 하나, 그리고 정말 감당 안 되는 고통의 시간을 보내고 있는 지금의 이 길이다. 그러나 이 길은 내가 모르드개 목사가 되어 작은 교회 목사들의 마음을 깨닫게 된 길이다.

어찌 생각하면 지금도 그 두 개의 길은 내 앞에 여전히 있다. 하나는 지금이라도 나와 내 교회만 생각하고 에스더 목사가 되는 길을 찾아가는 것이다. 다른 하나는 모르드개 목사가 되는 길을 선택하는 것이다. 평생을 에스더 목사로 살아가도 좋고 멋은 있겠지만, 모르드개 목사로 살아가기로 한 이 길이 너무 고생스럽고 힘들고 아프지만, 다시 감당하려 해도 할 수 없겠지만, 그래도 나는 이 길을 가기로 했다.

우리가 즐겨 불렀던 찬양 중에 이런 찬양이 있다.

"예수님처럼 바울처럼 그렇게 살 수 없을까? 남을 위하여 당신들의 온몸을 온전히 버리셨던 것처럼."

예수님께서 그런 길을 가셨기에 우리는 그 길을 간다. 십자가의 고통과 피눈물로 나를 구원하셨기에, 그 피로 값을 치르고 사셨기에, 나는 그 길을 가야 한다. 이것이 나의 비전이다.

내가 비전을 자주 강조해서 오해하는 청년들에게 이런 나의 마음을 고백할 때가 있다.

"여러분은 제가 비전에 미친 사람처럼 보이죠? 오직 비전, 또 비전을 말하니까요. 아니에요. 나는 비전에 미친 것이 아니에요. 나의 소원이 있다면, 그것은 하나님께 효도하고 싶은 것이에요. 나 같은 놈을 구원해 주시고, 목사 만들어 주시고, 한 교회를 섬기는 담임목사까지 만들어 주신 하나님의 은혜를 생각만 해도 눈물이 쏟아지니, 그런 하나님 아버지께 정말 효도하고 싶은 거예요. 그 주님이 주신 비전이 있기에, 효도하는 마음으로 그 비전을 가지라고 여러분에게도 외치는 것이고, 그렇게 해서 주님의 비전을 이루어드리고 싶은 거예요!"

이제 하나님께 받은 비전, 꿈은 한국의 대형 교회와 작은 교회가 하나가 되어 어깨동무를 하는 것이다. 이것이 단순한 꿈이고 환상일까? 모르드개 목사와 에스더 목사가 하나가 되는 모습은 정말 불가능할까? 실현될 수 없는 나만의 바람일까?

내가 모르드개 목사가 된 지금, 하나님의 마음을 받은 지금, 나는 정말 꿈에라도 보고 싶다. 에스더 목사들이 모르드개 목사들의 두 손을 잡고 격려하며, 함께 어깨동무하면서 이 길을 계속 같이 가자고 권면하는 모습을 보고 싶은 것이다.

지하실이든 상가 2층이든, 작은 교회가 매일 불을 환히 밝히고, 창문으로 새어 나오는 기도 소리를 다시 듣고 싶다. 입은 와이셔츠의 소매는 닳고 컬러는 누렇게 변했더라도, 설교는 밝고 힘차게 하는 목사들을 다시 보고 싶다. 풀이 죽어 늘 고개 숙이고 있고, 월세 때문에 밤새워 기도하던 목사들의 몸부림이 기쁨의 찬양으로 바뀌는 모습을 보고 싶다!

이미 교회 문을 닫고 밤새 대리운전을 하면서 스스로를 '죄인'이라 여기며 살아가는 목사들이 혹 이 글을 보신다면 힘을 내시기 바란다. 사실은 그 목사들이 한국교회를 지켜오신 분들이기 때문이다. 그 분들이 모르드개처럼 다시 높임을 받으면 정말 좋겠다. 무엇보다, 늘 우리의 연약한 모습때문에 자주 마음 아프신 예수님께서 우리가 어깨동무하는 모습을 보시고 기뻐하실 수 있다면 정말, 정말 좋겠다….

하나님의 사랑 가득한 미소를 그려보며 글을 마친다.

| 부록 |

미처 못한 이야기

경기도 모처에서 성도 대부분이 초등학생과 중학생인 교회를 목회하는 특이한 목사님이 있다. 내가 예전에 젊은 목사들을 훈련시킬 때 교제했던 목사님 가운데 한 분인데, 초등학생과 중학생들과 함께 전도를 위한 버스킹도 하면서 다음세대 사역에 열심인 분이다.

2년 전쯤에 볼일이 있어 그 교회가 있는 지역에 갔다가, 그 교회를 들러보았다. 상가 2층에 아담하게 예배 공간을 꾸며놓았다. 그 목사님과 교회에서 대화하는데, 내게 이런 말을 했다.

"목사님, 저는 우습게도 교회가 부흥하면 겁이 나요. 점심값이 늘어서요…. 하하하."

성도 중에 어른은 그 목사님 가정을 포함해 두 가정에 불과한 교회다. 나머지는 전부 초등학생과 중학생이라 모일 때마다 김밥을 사줘야 하는 실정이다. 그 말을 듣고서, 안타까운 마음에 김밥값을 조금이라도 드려야겠다는 생각이 들었다. 하지만 우리도 어렵다 보니 바로 드리진 못했다. 미안한 마음만 품고 있다가, 작년 말, 2024년 12월에 한 번 뵙자고 해서 만났다. 안부도 여쭤보고 김밥값도 드리고 싶었기 때문이다.

그 목사님은 다음세대를 위한 사역에 여전히 열심이고 최선을 다하고 있지만, 목회의 특성 때문에 재정적으로 여전히 힘들 수밖에 없는 상황 가운데 있었다. 어려운 마음을 나에게 조심스레 들려주었다.

"저는 열등감을 품지 않으려고 정말 애를 많이 씁니다. 나는 개척했는데, '저 목사님은 부친에게 교회를 물려받았고, 저 목사님은 청빙을 받은 거야', 큰 교회를 볼 때마다 이런 생각을 하며 견딥니다."

교회에서 그에게 책정된 한 달 사례비는 30만원이다. 하지만 그것도 거의 받을 형편이 못 된다고 한다. 중학생 아들이 아빠가 집에 돈을 가져오는 기대는 이제 하지 않지만, 그래도 부끄러운 목사님은 아니라서 자랑스럽다는 말을 했다고 한다. 그 말을 할 때, 두 눈에 눈물이 그렁그렁했다.

나는 아이들 한 달 점심값을 드리며 말했다.

"목사님, 사명이니 어쩌겠어요? 힘드시지만, 하늘의 상급이 크실 거예요. 힘 내세요!"

그리고 이야기를 이어가던 중에, 그 목사님이 주인이 보낸 내용증명 이야기를 꺼냈다. 그동안 임대료가 1700만 원이나 밀렸는데, 2025년 1월까지 내지 않으면 법적 조치를 취하겠다는 내용이라고 했다. 함께 기도하자고 격려하며 헤어졌다.

그 교회에 대한 염려가 끊이지 않았다. 올해 초에 물어보니, 어떻게 200만 원을 마련해 임대 기간을 2월 말까지 연장했다고 했다.

나는 작은 교회에 대한 마음을 받은 다음, 우리 교회 성도들에게 종종 이런 말을 했었다. "우리도 어렵지만 한 교회라도 도웁시다." 그래서 지난 2월에 성도들과 함께 기도하며 그 교회를 위한 헌금을 했다. 이백사십일만 오천 원이 모였다. 전액을 송금했다. 그 목사님과 통화하니, 돈을 보태 건물주에게 300만 원을 보냈다고 한다. 주인에게서 아직 연락이 오진 않았지만, 일단 교회를 좀 더 할 수 있을 것 같다고 말했다. 그러면서, 말로는 감사를 표현할 길이 없다며 울먹였다.

나는 우리 교회 성도들에게 그 교회를 후원한 보고를 하면서, 이렇게 격려했다.

"우리도 어렵지만, 힘을 내어 도왔더니 한 교회가 문을 닫지 않게 되었습니다. 목사님도 너무나 힘이 난다고 하시니, 여러분은 정말 큰일을 하셨습니다. 우리가 드린 얼마의 재정으로 문을 닫을 뻔한 교회를 살릴 수 있었다는 것이 얼마나 감사합니까!"

우연히 들은 이야기이지만, 지금의 우리 교회 모두에게 필요한 이야기가 또 있다. 식당을 하는 어느 코미디언이 자기 집 반경 2킬로미터 내에는 밥을 못 먹는 사람이 없게 할 것이라는 삶의 방식을 이야기했다는 것이다. 조선시대 경주의 한 땅 부자는 자기 집에서 100리 안에 굶어죽는 사람이 있으면 부자인 자신의 책임이라고 여겼다고 한다.

우리 모두는 에스더가 될 수 있다.

우리가 조금만 생각을 돌리고 마음을 쓴다면, 이렇게 실천한다면, 이 땅의 작은 교회들이 살아날 것이다. 많은 목사들이 힘을 낼 것이다.

모두 어려운 시기이지만, 함께 작은 교회를 살리는 역사가 한국교회에 가득하기를 진심으로 기대한다.

에필로그

책을 나가며
드리는 기도

하나님, 저 정말 너무 힘들었어요. 더 이상 버틸 힘이 하나도 안 남아 있었습니다. 물론 선배 목사님들이 지금보다 더 어려운 상황에서 고생 많이 하신 것에 비하면 아무것도 아니겠지만, 저에게는 너무나 힘든 시간이었습니다. 작은 교회가 감당하기에는 너무 많은 사역들을 17년 동안 해왔잖아요. 아마도 '중꺽마'의 기질이 없었다면 여기까지 오지 못했을 것입니다. 아니, 저는 평생을 중꺽마의 연속으로 살아온 것 같아요. 너무 어렵고 많은 사역으로 힘든데, 그런 상황에서 과거의 상처까지 올라올 때는 정말 감당할 수 없었어요. 불과 몇 달 전만 해도 목회를 그만하려고 했잖아요…. 그런데 그 극한의 고통 가운데에 하나님의 마음이 부어지니, 또 다른 아픔이 제 마음에 가득해졌네요. 작은 교회들에 대한 마음 말이에요.

하나님, 제가 에스더 목사일 때는 정말, 정말 몰랐습니다. 작은 교회를 생각하시는 하나님의 마음을 알지 못했습니다. 제 마음에서 작은 교회를 생각할 때는 한 번도 없었습니다. 전혀 상상조차 해보지도 못한 것이었습니다. 그랬기에, 지금 이 글을 쓰는 시간에도 모르드개 목사님들께 너무 미안합니다. 무엇보다 하나님께 너무 죄송한 마음입니다.

제주도로 배낚시를 갔던 것이 왜 이리 마음이 아프죠? 그런데 간 것이 잘못이라서가 아니라, 작은 교회 목사님들을 한 번도 생각해 보지 못했기에 아픈 것입니다. 그 분들의 피눈물을 한 번도 공감해 보지 못한 저이기 때문입니다. 지금도 너무나 가슴 저미도록 아픕니다. 눈물 나게 죄송한 마음뿐입니다.

30년 목회를 포기하기 일보직전, 완전히 바싹 말라 바스러질 듯한 고통의 끝에서, 하나님께서는 제가 작은 교회 목사님들의 고통을 알기 원하셨던 것입니다. 그렇게 저를 깨워주셨습니다.

저를 깨워주신 것처럼, 에스더 목사님들도 깨워주셔야 합니다. 그 분들도 다 아골 골짝 빈들이라도 가겠다는 마음으로 목회를 시작했잖아요. 그렇다면 개구리 올챙이 적 생각해야 하잖아요? 안 그러면 나중에 예수님을 어떻게 만날까요? 자기를 부인하라며 제자의 삶을 설교해온 분들이신데, 낮은 곳으로 임하셔서 고아와 과부와 세리와 창기와 함께하셨던 예수님의 제자들인데, 한국교회가 지금 처럼 하면 안 되지 않겠습니까?

　세상을 따라가지 말라 가르치면서, 왕궁의 삶에 취해 있어도 되는 것일까요? 수백만 원짜리 양복을 입어도 되는 것일까요? 교회가 크다고 몇억의 연봉을 받아도 되는 것일까요? 입어도 되고 받아도 될 수는 있지만, 그 시대의 모르드개처럼 베옷을 입고 재를 뒤집어쓰고 있는 이 시대의 모르드개 목사님들을 생각하며 입고 받아야 하는 것이 아닐까요?

　저도 에스더 목사일 때는 정말 알 수 없었습니다. 나빠서가 아니라 몰랐던 것입니다. 그러니 저처럼 에스더 목사님들을 깨워주셔야 합니다. 이 책을 통해 한국의 에스더 목사님들이 깨어나서, 모르드개 목사님들과 어깨동무를 했으면 해요. 그래야 한국교회도 새로워질 수 있잖아요. 변화를 원하시는 것이 주님의 마음이잖아요!

　그러니 제발 도와주세요! 한국교회가, 목사님들이, 성도들이 함께 어깨동무하여 주님 오실 길을 예비할 수 있도록 도와주세요. 비록 예전 같은 부흥은 없다 하더라도, 마지막 때에 맞는 새로운 부흥을 허락해 주세요.

김포에서 베옷 입은 모르드개 목사 올림.

안 되지 않겠습니까?

세상을 따라가지 말라 가르치면서, 왕궁의 삶에 취해 있어도 되는 것일까요? 수백만 원짜리 양복을 입어도 되는 것일까요? 교회가 크다고 몇억의 연봉을 받아도 되는 것일까요? 입어도 되고 받아도 될 수는 있지만, 그 시대의 모르드개처럼 베옷을 입고 재를 뒤집어쓰고 있는 이 시대의 모르드개 목사님들을 생각하며 입고 받아야 하는 것이 아닐까요?

저도 에스더 목사일 때는 정말 알 수 없었습니다. 나빠서가 아니라 몰랐던 것입니다. 그러니 저처럼 에스더 목사님들을 깨워주셔야 합니다. 이 책을 통해 한국의 에스더 목사님들이 깨어나서, 모르드개 목사님들과 어깨동무를 했으면 해요. 그래야 한국교회도 새로워질 수 있잖아요. 변화를 원하시는 것이 주님의 마음이잖아요!

그러니 제발 도와주세요! 한국교회가, 목사님들이, 성도들이 함께 어깨동무하여 주님 오실 길을 예비할 수 있도록 도와주세요. 비록 예전 같은 부흥은 없다 하더라도, 마지막 때에 맞는 새로운 부흥을 허락해주세요.

김포에서 베옷 입은 모르드개 목사 올림.